여성과 여성 시민의 권리 선언

올랭프 드 구주 지음
박재연 옮김

여성과
여성 시민의
권리 선언

Déclaration des droits de la femme et de la citoyenne

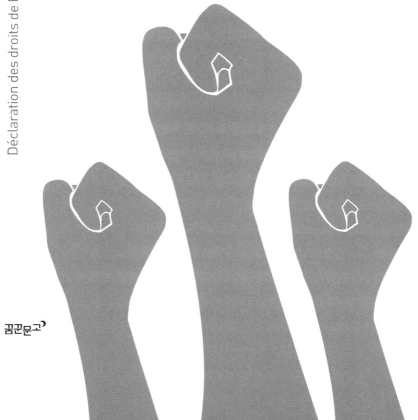

꿈꾼문고

차례

1부 여성들을 위하여

—

2부 노예제에 반대하며

—

3부 자코뱅에 대한 증오 속에서 조국을 지키고자

—

일러두기

1. 이 책은 프랑스 근현대 여성문학 전문 연구자 마르틴 리드가 편집한 《*Femme, réveille-toi!*》: *Déclaration des droits de la femme et de la citoyenne et autres écrits*(Gallimard, 2014)를 번역 저본으로 삼았습니다.

2. 원문의 이탤릭체가 강조의 의미일 경우 고딕체로 표기했습니다.

3. 본문의 각주는 별도의 표시가 없는 경우 원문의 주이며, 옮긴이 주는 각주 말미에 (옮긴이)로 표시했습니다.

여성들을 위하여

유용하고 유익한 계획에 대하여

올랭프 드 구주는 군인 전용 복지시설 앵발리드Invalides를 모델로 하는 여성 병원의 창설을 주장한다.

나의 조국과 불행한 민중들을 위하여 이 글을 쓴다.

엄혹한 재난 앞에서 도움의 손길 없이 고통을 겪는 노동자들의 숫자는 엄청나다. 국가의 중요한 자원들이 지나치게 가혹한 비참함 속에서 무너져가는 것은 인류적 차원에서도 끔찍한 일이지만, 과도한 구제 구호 사업 역시 매우 위험하다.

가난한 이들은 인도주의가 온정을 베풀어 구호의 손길을 내밀기 전부터 오래도록 고통받아왔다. 어째서 프랑스인들에게는 무관심과 과도한 극렬함, 분노, 열정 혹은 냉혹함만이 있는 것일까? 교육을 받은 이들도 한번 흥분하면 자제하기 어렵다. 분노한 민중들이 아무것도 할 수 없음을 깨닫게 되면 어떻게 될까? 그 어떤 순간에도 망설이지 않고 야만성을 드러낸 채 살인과 방화를 일삼게 될 것이다. 이 끔찍한 시기에 민중은 노래하고 웃으며 타락에 자신을 내맡길 것이다. 살육의 광기에 사로잡힌 민중은 절제를 잊은 채 잔인한 결말을 맞게 될 것이다.

노동자들에 대한 레베용과 초석 제조업자의 생각은 끔찍한 참사를 불러일으켰다.[1] 이 비참한 사건들은 선을 행하는 것이 얼마나 어려운지, 그걸 알아챈 시민들이 얼마나 불안에 떨어야 하는지 잘 보여주었다. 대개 민중은 불온하고 은혜를 모르며, 결국 반란을 일으킨다.

재난과 재앙의 시기에는 응당 민중에게 도움을 주어야 하지만, 평상시에도 지나치게 많은 것을 제공한다면 이는 민중들의 나태함을 부추기고 그들의 모든 가능성을 빼앗는 셈이 된다. 이러한 선행은 결국 죽음의 기부일 뿐이다.

---

1 벽지 제조업자 레베용과 초석硝石 제조업자 앙리오는 선거 연설에서 민중의 빈곤에 대해 파렴치한 발언을 했다. 이들의 발언은 1789년 초 지독한 불황을 지나고 있던 노동자들에게 분노를 일으켰고, 결국 1789년 4월 28일 생탕투안에 위치한 레베용 소유의 공장을 중심으로 대규모 폭동이 일어나게 된다.(옮긴이)

아마도 거의 모든 지방정부 의원들은 상업 기금이나 관련 시설을 통해 일거리 없이 혹독한 흉작기를 보내고 있는 농민들에게 원조를 제공하고 있을 것이다.

이 주제에 대해서는 길게 이야기하지 않겠다. 내게는 바람직한 계획이 있으나, 그것을 실행에 옮길 만한 수단이 부족하다. 그러나 부족한 건 국민들이 메워줄 수 있을 것이다.

자발적인 세금 납부라 하면, 마지막 한 푼까지 거둬들여 국가 부채를 청산하는 데 쓰는 국가 기금 창설을 떠올릴 수 있을 것이다. 이 정도면 대략 내 계획과 통하는 바가 있다. 삼부회 시기를 결정하기 전에 이런 생각을 처음 제안했다는 것이 정말 만족스럽다.[2]

「민중에게 보내는 편지」와 「애국적인 고찰」[3]에서 제안했던 다른 세금들에 대해서는 언급하지 않겠다. 개중에 시행되어야 할 것이 있다면 그것을 제안한 사람의 성별이 무엇이건 국가

---

2 삼부회는 프랑스의 세 신분, 즉 귀족, 가톨릭 고위 성직자, 평민의 대표자가 모여 중요 의제에 관해 토론하는 장으로서, 1302년 필리프 4세가 소집한 회의가 시초가 됐다. 1614년 이후 175년이나 열리지 않았으나, 파탄 난 재정을 보충하기 위해 새로운 과세 제도를 규정하고자 했던 루이 16세에 의해 1789년 5월 5일 다시 소집됐다. 최후의 삼부회는 봉건적 특권의 축소와 폐지를 요구하는 제3신분과 귀족, 성직자의 대립에 의해 파행으로 치달았고, 이는 프랑스대혁명의 도화선이 됐다.(옮긴이)

3 올랭프 드 구주가 1788년 9월과 12월에 발표한 글. 둘 다 '여성 시민'에 의해 쓰였음을 강조하고 있다.(옮긴이)

는 시행을 소홀히 하지 않을 것이다.

진정한 지혜는 편견이나 관습과는 상관없이 오직 진실에만 관심을 가지고 공공의 안녕만을 따른다. 그러므로 오로지 진정한 지혜에게 나의 성찰의 결실들을 내맡긴다. 이 지혜가 나의 저작들 속에 가득한 오류들을 넘어가주되, 저작들을 아름답게 꾸며주며 저자의 목적을 드러내주는 고귀한 원칙들 앞에서는 오래도록 멈춰 서주길 기도한다. 국민들이 나의 애국적인 세 편의 저작에 대해 유용한 성찰을 해줄 수 있다면, 인류애에 기반한 계획의 완수 외에 그 어떤 보상도 필요치 않다. 「인간의 근본적인 행복」⁴의 마지막 장章에서 언급한 애국적인 희곡이 공서양속에 이로운 것인지는 국민들이 판단할 것이다.

선량한 시민이라면 누구나 프랑스가 올바른 체제를 갖추기 위해서는 근본적으로 공서양속의 복원에 신경 써야 한다고 생각한다.

이를 위한 흥미로운 방법에 대해 생각해보자. 쾌락보다 사람들에게 더 많은 유익을 제공해줄 수 있는 방법이 뭐가 있을까? 오늘날 공서양속에 대한 배움을 제공해주는 극장은 과연 어디인가? 모든 극장에서 우리는 악덕을 찬양하고 지지하는

---

4 1789년 발표한 글로, 부제는 '애국적 공상'이다.(옮긴이)

모습을 볼 수 있다. 끔찍한 간이 극장들은 민중을 파멸로 이끈다. 빵을 잃은 노동자가 일과 아내, 자식들을 포기하고 니콜라, 오디노, 바리에테, 보졸레 극장[5]으로 달려가서 우스운 오락거리를 찾는다. 민중에게 빚을 지우고 공서양속을 타락시키며 국가에 해를 입히는 다른 오락거리들도 셀 수 없이 많다.

분명 국민들은 이 문제를 소홀히 하지 않을 것이다. 어쩌면 이것이 가장 중요한 문제인지도 모른다. 좋은 종교가 언제나 국가와 민족의 안녕을 위한 견고한 토대였다면, 나무랄 데 없는 여배우들이 연기하는 도덕적 연극은 개화된 사람들의 사회에 적합할 것이며 덕성을 고취해 방종한 사람들을 교화할 것이다. 10년이 채 되기 전에 사람들은 훌륭한 연극이야말로 진정한 인생의 학교라는 것을 깨닫게 될 것이다. 더 이상 돌리니[6] 같은 여배우는 찾아볼 수 없다. 모두들 이 여배우의 연기와 행실 모두 흠잡을 데 없다는 것을 알고 있다. 마드무아젤 돌리니는 항상 존경을 받아왔고, 젊은 관객들은 그녀의 배역들에 경탄을 보내며 여성과 결혼에 대한 바람직한 가치관을 형성

---

5 18세기 말 파리 번화가에 새로 생긴 대중 극장들로, 통속극, 팬터마임, 인형극, 곡예 등 다양한 공연을 상연했다.(옮긴이)
6 본명은 루이즈아델라이드 베르통메종뇌브로, 1763년 코메디프랑세즈에 입단하여 1783년 은퇴할 때까지 많은 인기를 누렸다.(옮긴이)

한다. 언젠가는 이 여배우와 같은 분위기와 품위, 정숙함을 갖춘 매력적인 여성들과 결혼하기를 꿈꾸면서 말이다. 만약 애국적인 극을 연기하는 여배우들이 마드무아젤 돌리니의 덕성에 버금가는 재능을 보여준다면, 다른 공연들에 영향을 줄 수 있는 좋은 모범이 되지 않겠는가?

요즘 경박한 것들이 아주 중요한 것이 되긴 했지만 그런 시시한 일들에 신경 쓰는 것은 이제 지긋지긋하다. 연극이 국가에 꼭 필요한 것이긴 하지만, 국민의 여흥과 교화를 위해 만들어져야 한다. 정부와 의회는 내가 제안한 연극을 허락할 것이다.

하지만 무엇보다 내가 관심을 가지고 있는 문제는 여성들과 관련된 것으로, 작금의 프랑스에 필요한 특별 시설이다. 아아, 이토록 불행하고 연약한 여성들이여! 우리는 진정한 보호를 한 번도 받지 못했다. 요람에서부터 따분한 무지를 면치 못하도록 선고받은 우리는 어린 시절부터 경쟁심을 거세당했다. 자연이 떠안긴 수많은 해악들로 인해 너무나도 불행하고 불우했던 우리는 언젠가 남성들이 우리를 구원하러 오리라는 희망을 품을 수조차 없었다.

이제 행운의 날이 밝았다.

왕국이 안정 상태에 들어서고 정신성이 고양되면서 그토록 바라던 고요함이 찾아왔고 오늘날 모든 프랑스인들은 동요하지 않게 되었다. 이제 의회는 곧은 정신, 예민한 감성, 바른 시민들로만 이루어져야 하며 백성들의 호의에 완벽하게 화답해야 할 것이다.

오, 시민들이여! 오, 군주여! 오, 나의 국민들이여! 내 미약한 목소리가 그대들의 마음속에 울림을 줄 수 있기를! 그대들이 여성들의 비참한 운명을 알아볼 수 있기를! 그들의 이야기를 눈물 없이 들을 수 있겠는가? 그대들 모두 아버지이며 남편이 아닌가? 그대들 가운데 딸이나 아내가 잔인한 고통과 괴로움 속에 죽어가는 걸 보지 못한 자가 있는가?

혼기에 이를 때까지 어린 소녀들은 얼마나 많은 어려움을 만나는가? 엄마가 되면서 얼마나 끔찍한 고통을 겪는가? 그 과정에서 목숨을 잃는 여자들은 얼마나 많은가?

그 어떤 기술도 고통을 덜어주지 못해 며칠 밤낮으로 찢어지는 통증을 겪다가 산파의 품에 안긴 채 죽어가는 젊은 여성들을 종종 본다. 이들이 겪는 참으로 비참한 고통에 여태껏 신경쓰지 않던 남성들에게 생명을 안겨주고, 이 여성들은 죽는다.

남성들은 인간적인 원조와 구호를 위해서는 무엇 하나 소홀히 하지 않았고 무엇 하나 놓치지 않았다. 그들은 군인들을 위한 앵발리드, 귀족들을 위한 자선의 집, 부유하고 성공한 이들이 설립을 추진한 빈민 구호소 등 여러 시설을 세웠다.

이제 남성들은 똑같은 인류애를 발휘해 오래전부터 신음하며 처참한 환경에서 최하층 인간들과 뒤섞여 지내는 여성들의 관대한 보호자로 나서야 한다. 끊임없이 종속당해왔던 여성들의 불행이 나를 부추겨 여성만을 위한 특별한 자선의 집을 만들어줄 것을 국가에게 요구하도록 한다.

이 자선의 집은 오직 재산 없는 군인들, 성실한 개인들, 상인들, 예술가들의 부인들만을 위한 시설이어야 할 것이다. 한마디로 넉넉하지는 않아도 큰 어려움 없이 살다가 역경에 처해 모든 원조를 박탈당한 여성들을 위한 곳이어야 한다. 괴로움이 종종 그들을 죽음의 문턱까지, 때로는 집에서 치료할 수 없는 질병으로 이끈다. 그렇게 되면 그들은 파리 시립 병원으로 실려 간다. 정숙한 여성이 걸인들과 품행 나쁜 여자들을 포함한 온갖 사람들과 함께 지내게 된다. 하여 그들은 시립 병원이라는 이름만 들어도 겁에 질리게 되고, 불 보듯 뻔한 슬픈 현실 앞에서 도움을 받기보다는 차라리 죽음을 간청하게 된다.

민중을 위한 병원이 필요하다. 정숙한 여성들을 위한 자선의 집을 세운다면 이미 초만원인 시립 병원의 부담도 덜어질 것이다. 우리가 세울 수 있는 시설 중에 인류에게 이로움을 가져다줄 수 있는 곳은 어디인가? 고통받고 있는 점잖은 여성들을 위한 자선의 집이 아니겠는가?

삼부회 소속인 한 의원과의 대화를 복기해보겠다. 그는 방벽[신축]이 더 이상 필요 없다고 주장했다. 그러자 누군가 그렇다면 관리들의 숙소로 세운 웅장한 건물들과 성벽들을 어떻게 할지 물었다.

그는 "저절로 무너져 내리겠죠"라고 답했다. 그 많은 돌들을 어쩔 셈인가? 전 인류에게 훨씬 도움이 될 소박하고 위생적인 병원들을 짓는 게 어떨까? 국민 각자가 조국을 지키고 군주에게 빚진 바를 궁극적으로 깨닫게 된다면 권리를 수호하기 위한 이 건물을 성스럽게 여기게 될 것이다.

따라서 나는 그 돌들의 일부를 사회에 가장 유익한 여성들을 위해 쓸 것을 간청한다. 점잖은 여성들이 국가의 너그러움과 인류애에 기대하는 건 결코 사치스러운 아파트나 호화로운 실내 장식이 아니다. 혐오스러운 이름이 따라붙지 않는 병원, 유일한 사치라고는 청결뿐인 그런 소박한 시설이다.

우리 사회에 없어서는 안 될 여성들이 국가로부터 선택받고 교육받은 남성들에게서 기대하는 바가 이것이다. 이런 시설을 위해 투표권을 행사하지 않을 이들은 누구인가? 스스로 나쁜 오라비요, 배은망덕한 아들이요, 악독한 아비임을 입증하려는 게 아니라면 누가 반대하겠는가? 여러분, 여러분 중 그 누구도 이 계획에 반대하지 않을 것이며, 한목소리로 이 계획을 옹호할 것이다.

당신들의 가정, 딸과 아내와 동떨어져 본성을 무시하고 여성에게 빚진 모든 것을 외면할 수 있는가? 아니다. 당신들은 여성들에게 신경을 쓸 수밖에 없다. 어쩌면 지금 몰두하고 있는 큰일들 때문에 당장 이 시설에 관심을 쏟지 못할 수는 있다. 하지만 일단 나라가 해방되고 헌법의 토대가 탄탄히 세워지면 그간 여러분이 빚진 것들을 고통받는 인류와 본성에 내주어야 한다.

내가 속한 성별을 위한 변론을 진행하면서 당신들의 재판정에 당신들을 언짢게 할지도 모르는 몇 가지 중요한 견해를 전달하는 것을 허락해주시기 바란다.

당신들이 조국의 안녕을 책임지고 있음을, 모든 시민이 당신들에게 자신들의 이익을 위임하였음을, 아주 오래전부터 프랑스는 쇠약해지고 있음을, 당신들에게는 쓰러져가는 프랑스를 떠받쳐야 할 긴급한 의무가 있음을, 그것을 가능케 할 방법은 당신들의 성정에 달려 있음을 기억하기를. 남성들이여, 당신들에게서 언뜻 보이는 지나치게 고양된 기업가 정신을 경계하시라. 당신들의 권리를 지키기 위해서는 왕정의 권위에 굴복해서는 안 될 것이다. 당신들의 의회는 매일매일 엄숙한 일들을 수행해야 한다. 당신들은 유용한 평온 상태를 만들기 위한 법률을 제정해야 한다. 프랑스 국민들을 놀라게 할 지속적인 화합을 보여줄 수 있는가? 지식과 교양, 천재성을 선조들의 지혜와 결합할 수 있는가? 그리하면 당신들의 의회는 위대한 프랑스 국민을 비롯한 모든 민족에 의해 대대손손 언급될 것이다.

1789년 4월

여성과 여성 시민의 권리 선언

올랭프 드 구주는 남성들에게 보내는 권고문과 17개 조항으로 이루어진 여성과 여성 시민의 권리 선언, 남성과 여성 간의 새로운 계약 형태에 대한 제안들을 모아 마리 앙투아네트에게 바치는 이 소책자를 발행했다.

왕비 전하께

전하,

군주들께 쓰는 언어에 익숙하지 않은 저는 저의 이 별난 글을 당신께 헌정하기 위해 아첨꾼들이 쓰는 찬사를 사용하지 않겠습니다. 전하, 제 목적은 당신께 솔직하게 말하는 것입니다. 저는 그런 표현을 쓰려고 자유의 시대를 기다리지 않았으니까요. 전제군주의 맹목이 고귀한 용기를 벌하던 시절에도 저는 한결같은 기력을 보였습니다.

온 나라가 당신을 비난하고 모든 재난을 당신 탓으로 돌리던 혼란과 격동의 시기에 저는 홀로 당신을 옹호하는 용기를 냈습니다. 고귀함 속에서 자란 왕녀가 온갖 비천한 악덕을 지녔으리라고는 생각할 수 없었던 겁니다.

네, 전하, 예전에 당신에게로 향한 칼끝을 보았을 때는 그 칼의 희생자를 보았습니다. 그러나 지금은 매수된 반란자들의 무리 곁에서 법의 권위에 대한 두려움에 사로잡혀 있는 당신을 봅니다. 전하, 이제 저는 예전이라면 당신께 절대 드릴 수 없을 것 같은 말씀을 드리려 합니다.

만약 외국인이 프랑스를 파괴하려 한다면, 당신은 제게 더이상 억울한 누명을 쓴 매력적인 왕비가 아니라 프랑스인들의 냉혹한 적이 될 것입니다. 아! 전하, 당신이 어머니이며 아내라는 사실을 기억하십시오. 왕족의 귀환을 위해 당신의 명망을 활용하십시오. 현명하게 쓰인다면, 당신의 명망은 아버지의 왕권을 다져서 아들에게 물려주고 프랑스 국민들의 사랑을 되찾게 할 수 있습니다. 이 고귀한 협상은 왕비의 진정한 의무입니다. 술책과 음모, 피를 부르는 계획들은 당신이 비슷한 의도를 가졌을지 모른다는 의심을 불러일으켜 당신의 몰락을 앞당길 뿐입니다.

오직 고귀한 소명만이 당신을 규정하고 당신의 야망을 북돋우며 당신의 시선을 붙잡을 수 있습니다. 운명이 각별히 높은 자리에 세운 분만이 여성 권리의 도약에 힘을 실어주고 그 성공을 불러올 수 있습니다. 전하, 당신께서 덜 깨어 있었다면 저는 당신의 사적인 이득이 여성 전체의 이득보다 우선시될까 염려되었을 겁니다. 당신은 명예를 좋아하십니다. 전하, 최악의 범죄들도 최고의 덕행들과 마찬가지로 불멸로 남는다는 사실을 생각해보십시오. 역사에 기록되는 명성과 범죄는 얼마나 다르겠습니까! 한쪽은 끊임없이 본보기로 여겨질 것이고 다른 한쪽은 영원히 인류의 혐오 대상이 될 것입니다.

당신이 좋은 풍속의 복원에 힘쓰고 여성에게 확고한 믿음을 부여한다고 해서 결코 범죄를 저지르는 것으로 여겨지지 않을 것입니다. 이 저작은 불행히도 새 체제를 위해 하루아침에 이뤄진 작업이 아닙니다. 이 혁명은 모든 여성이 자신들의 가련한 운명과 자신들이 사회에서 잃어버린 권리들을 깨달을 때만 이루어질 것입니다. 전하, 이 아름다운 대의를 따르십시오. 이 불행한 성性을 옹호해주십시오. 그리하면 당신은 왕국의 절반과 적어도 나머지 절반의 3분의 1의 지지를 얻게 될 것입니다.

당신께서는 바로 이런 활약에 당신의 신망을 활용하고 이름을 사용해야 할 것입니다. 제 말을 믿으십시오, 전하. 우리의 인생은 보잘것없는 것입니다. 특히나 백성의 사랑으로, 그리고 선행을 통한 영원한 매력으로 아름다워지지 못한 왕비의 삶은 더더욱 그렇습니다.

프랑스인들이 조국에 대항하여 무장하는 것이 사실이라면, 이는 하찮은 특권과 망상 때문일 것입니다. 저를 믿으십시오, 전하, 저는 직감적으로 왕당파는 자멸하고 프랑스인들은 모든 폭군을 몰아낼 것으로 판단합니다. 조국에 대한 모든 열정이 조국을 지키기 위해 모이게 될 것입니다.

전하, 이것이 저의 원칙들입니다. 조국에 대해 이야기하느라 저는 이 헌정의 목적을 놓치고 말았습니다. 이렇듯 모든 선량한 시민은 나라의 명예와 이득을 위해서라면 자기 자신의 명예와 이득은 중요하게 생각하지 않습니다.

말할 수 없이 깊은 존경의 마음을 담아,
대단히 겸허하고 더없이 순종적인 당신의 시종 드림.

여성의 권리

남자여, 그대는 정의로울 수 있는가? 그대에게 이 질문을 던지는 건 여자다. 여자에게서 적어도 이 권리만큼은 빼앗지 말아 달라. 말해보라. 나의 성별을 억압하는 지상 최고의 권한을 누가 그대에게 주었는가? 그대의 힘인가? 그대의 재능인가? 창조주의 지혜를 살피고 그대가 닮고 싶어 하는 위대함으로 가득한 자연을 들여다보라. 그런 후에 이토록 전제적인 제국의 예를 들 수 있으면 내게 알려달라.[1]

동물의 세계를 살펴보고 원소 체계를 들여다보고 식물을 연구해보고 분화된 물질의 모든 변형 상태를 관찰해보라. 이렇게 방법을 알려주니 그대는 확실히 인정하게 될 것이다. 찾고 뒤져서 자연 상태에서의 성별을 구분해보라. 성별은 도처에서 섞인 채 자연이라는 불멸의 걸작을 위해 조화롭게 협력하고 있다.

이런 예외의 원칙을 꼴사납게 고수하는 건 오직 인간뿐이다. 계몽과 통찰의 시기에 더없이 지독한 무지 속에서 이상하

---

1 파리에서 페루까지, 일본에서 로마에 이르기까지 내 생각에 가장 바보 같은 동물은 인간이다.

고 맹목적이며 학식으로 잔뜩 겉멋 든 퇴보한 남성은 모든 지적 능력을 갖춘 특정한 성性을 전제군주처럼 통솔하려 든다. 혁명을 향유하고 평등의 권리들을 주장하면서 그 이상은 결코 말하지 않는다.

여성과 여성 시민의 권리 선언[2]

　국민의회[3]는 이 선언을 마지막 회기나 차기 입법 임기 동안 공포해야 한다.

2　프랑스대혁명의 자유와 평등 이념이 담긴 「인간과 시민의 권리 선언」의 보편 인권이 남성에게만 해당된다고 판단한 올랭프 드 구주는 헌법에서 누락된 부분을 보충하기 위해 별도의 선언문을 발표한다.(옮긴이)
3　프랑스대혁명 첫해인 1789년 제3신분 대표자들에 의해 생겨난 의회. 그해 6월 17일에 창설되어 7월 9일 '국민제헌의회'라고 개칭됐다. 중세 이래 신분제 의회인 삼부회와 달리 근대적 의회로서의 성격을 띤다. 1791년 프랑스 헌법을 성립시켜 선거를 실시함으로써 국가의 주권자적 지위를 확립했다.(옮긴이)

전문前文

　국민을 대표하는 어머니, 딸, 누이는 국민의회의 일원이 되기를 요구한다. 여성의 권리에 대한 무지, 망각 또는 멸시만이 공공의 불행과 정부의 부패를 설명할 수 있는 유일한 원인들이기에, 여성의 함부로 침해할 수 없는 성스러운 천부적 권리들을 이 엄숙한 선언을 통해 공표한다. 이 선언이 사회의 모든 구성원에게 항시 제시되어 끊임없이 그들의 권리와 의무를 상기시키기를, 여성과 남성의 권력 행사 행위가 매 순간 이 정치 체제의 지향점에 견주어 더욱 존중될 수 있기를, 단순 명료한 원칙들에 입각한 여성 시민의 주장들이 언제나 헌법과 미풍양속의 유지, 모두의 행복에 기여할 수 있기를 바란다.

　이에 따라, 출산의 고통을 견디는 용기와 빼어난 도덕적 고결함을 지닌 우리 여성들은 후원을 베푸는 절대자와 함께 다음과 같은 여성과 여성 시민의 권리들을 인지하고 선언한다.

제1조

　모든 여성은 자유롭고 남성과 평등한 권리를 갖고 태어난다.

사회적 차별은 오직 공익에 입각해서만 허용될 수 있다.

제2조

모든 정치결사의 목적은 여성과 남성의 천부적이고 소멸될 수 없는 권리를 보전하는 데 있다. 그 권리란 자유, 소유, 안전, 그리고 무엇보다 압제에의 저항에 관한 권리다.

제3조

모든 주권의 원칙은 본질적으로 여성과 남성의 집합인 국민에게 있다. 어떠한 단체나 개인도 국민으로부터 명시적으로 유래하지 않는 권력을 행사할 수 없다.

제4조

자유와 정의는 타인에게 속한 모든 것을 돌려주는 데 있다. 여성의 천부적 권리 행사를 가로막는 제약은 남성이 여성에게 행사하는 항구적인 폭정뿐이다. 이 제약은 자연과 이성의 법을 통해 개혁되어야 한다.

제5조

자연과 이성의 법은 사회에 해로운 모든 행위를 금한다. 이 현명하고 신성한 법이 금하지 않은 모든 것은 방해받을 수 없으며, 그 누구도 이 법이 명하지 않는 것을 행하도록 강요받을 수 없다.

제6조

법은 일반의지의 표현이어야 한다. 모든 여성 시민과 남성 시민은 스스로 또는 대표를 통해 법 제정에 참여해야 한다. 법은 모든 사람에게 동일한 것이어야 한다. 모든 여성 시민과 남성 시민은 법 앞에 평등하며, 그 능력에 따라서, 그리고 덕성과 재능에 의한 차별 없이 평등하게 공적인 직위와 직무를 맡을 수 있다.

제7조

어떤 여성도 예외 없이 법으로 규정된 경우에 의하지 아니하고는 소추, 체포 또는 구금될 수 없다. 남성과 마찬가지로 여성도 엄격한 법을 준수해야 한다.

제8조

법은 엄격하고 명백히 필요한 처벌만을 설정해야 하고 누구도 행위에 앞서 제정·공포된, 또 여성에게 합법적으로 적용된 법률에 의하지 아니하고는 처벌될 수 없다.

제9조

유죄로 선언된 모든 여성은 법에 따라 준엄하게 심판받는다.

제10조

그 누구도 근본적인 견해 때문에 위협을 받아서는 안 된다. 여성은 단두대에 오를 권리가 있다. 마찬가지로 여성은 그 의사 표현이 법이 규정한 공공질서를 흐리지 않는 한 연단에 오를 권리를 가져야 한다.

제11조

사상과 견해의 자유로운 교환은 여성의 가장 소중한 권리 중 하나이다. 이 자유가 아이들에 대한 아버지의 적법성을 보장하는 것이기 때문이다. 따라서 모든 여성 시민은 야만적인 편견이 진실을 감추도록 하는 강요에서 벗어나 '자신이 자신에게 속한 아이의 어머니임'을 자유롭게 말할 수 있다. 다만 법으로 규정된 경우에 그 자유의 남용에 대해서는 책임을 져야 한다.

제12조

여성과 여성 시민의 제諸 권리의 보장은 다수의 효용을 필요로 한다. 이 권리 보장에 관한 법률은 그것을 위임받은 사람들의 개별적 효용을 위해서가 아니라 모두의 이익을 위해 제정되어야 한다.

제13조

공권력을 유지하고 행정 비용을 조달하기 위한 조세는 여성과 남성에게 평등하게 요구되며, 여성은 모든 부역과 모든 힘든 노동에 참여한다. 따라서 직위, 직업, 책임, 권한, 산업의 분배에서도 동일한 몫을 가져야 한다.

제14조

여성 시민과 남성 시민은 스스로 또는 대표를 통해 공공 조세의 필요성을 검토할 권리를 가진다. 여성 시민은 재산에서뿐만 아니라 공공 행정에서도 동등한 분배를 인정받음으로써 상기의 권리를 가지며, 또한 조세 부과와 산출 방식, 징수 방법과 징수 기간을 결정할 권리를 가진다.

제15조

남성들의 조세 분담에 기여한 대다수의 여성은 모든 공직자들에게 세금 관리에 대한 보고를 요청할 수 있는 권리를 가진다.

제16조

권리 보장이 확보되어 있지 아니하고 권력 분립이 확정되어 있지 아니한 사회는 결코 헌법을 갖추지 못한다. 국민을 구성하는 개인들 대다수가 헌법 작성에 동참하지 않았다면 그 헌법은 무효하다.

제17조

불가침의 신성한 권리인 소유권은 함께하건 헤어졌건 여성과 남성 모두의 것이다. 자연으로부터 받은 유산과도 같은 이 권리는 합법적으로 확인된 공공 필요성이 명백히 요구하는 경우가 아니면, 또 정당한 사전 보상 조건하에서가 아니면 결코 침탈될 수 없다.

후문後文

여성이여, 깨어나라. 온 세상에 이성의 경종이 울리고 있다. 그대의 권리를 인지하라. 강력한 자연의 제국은 더 이상 편견과 맹신, 미신과 거짓에 둘러싸여 있지 않다. 진실의 횃불이 어리석음과 침탈의 먹구름을 몰아냈다. 제힘을 기른 노예 상태의 남성은 그 사슬을 끊는 데 그대에게 도움을 청해야 했다. 자유로워진 남성은 이제 자신의 동반자를 부당하게 대한다.

오, 여성들이여! 여성들이여, 언제쯤 감은 눈을 뜨려는가? 그대들이 혁명[4]에서 거둔 이득은 무엇인가? 멸시는 더 명백해졌고, 무시는 더 도드라졌다. 부패의 세기에 그대들은 남자들의 나약함 위에 군림했을 뿐이다. 그대들의 제국은 파괴되었다. 그대들에게 무엇이 남았는가? 남성의 부당함에 대한 확신만이 남겨졌을 뿐이다. 자연의 지혜로운 규칙들에 근거한 그대들의 유산을 주장하라. 이렇게 멋진 시도를 하는데 무엇을 신경 쓰고 있는가? 가나의 결혼식에서 율법을 읊던 이들의 선량한 말인가? 그 도덕률을 수정하면서 철 지난 정치를 오랫동안 붙들고 있는 우리네 프랑스의 입법자들이 그대들에게 이

---

4 1789년 프랑스대혁명을 의미한다.(옮긴이)

런 말을 반복할까 봐 두려운가? 그들이 "여자들이여, 그대들과 우리 사이에 공통점이 무엇인가?"라고 묻는다면 그대들은 "모든 것"이라고 대답해야 할 것이다. 그들이 자신들의 원칙과 모순되는 일관성 없는 행동을 고집한다면 우월성에 대한 이 헛된 주장에 이성의 힘으로 용기 있게 맞서라. 철학의 깃발 아래 결집하라. 그대들의 모든 기력을 발산하라. 그리하면 곧 저 오만한 자들이, 비굴한 경배자들이 그대들의 발아래 엎드려 절대자가 주신 보배를 그대들과 나눔을 자랑스럽게 여기게 될 것이다. 그대들을 막아선 장벽이 어떤 것이건 그것을 넘어서는 힘은 그대들 안에 있다. 그대들은 그저 원하기만 하면 된다.

이제 그대들이 사회에서 어떤 존재였는지 보여주는 끔찍한 장면으로 넘어가보자. 국가적 교육이 당면 과제인 만큼 현명한 우리네 입법자들이 여성 교육에 대해 올바르게 생각하는지 살펴보자.

여성들은 선보다는 악을 더 행해왔다. 구속과 은폐가 그들의 몫이었다. 힘이 그들에게서 빼앗아 간 것을 술수가 그들에게 돌려주었다. 여성들은 자신이 지닌 매력을 십분 활용했고, 흠잡을 데 없는 사람도 그것을 뿌리치지 못했다. 독, 인두, 모든 것이 여성들에게 복종했다. 여성들은 덕성을 지휘하듯 죄

악을 지휘했다. 특히나 프랑스 정부는 수 세기 동안 여성의 베갯머리송사에 좌지우지되었다. 집무실은 여성들의 가벼운 입놀림 때문에 아무 비밀이 없었다. 대사관, 군 사령부, 청사, 대통령 관저, 교황궁[5], 추기경 관저 등 세속적이건 종교적이건 인간의 어리석음을 규정짓는 모든 것들이 여성의 탐욕과 야심에 복종했다. 예전에는 멸시받아 마땅했으나 존중받았고, 혁명 이후로는 존중받아 마땅하나 멸시받아온 여성 말이다.

　이런 모순 속에서 내가 무엇을 충고할 수 있겠는가! 성찰에 허락된 시간은 아주 짧은 순간에 불과하지만, 이 순간은 먼 후대의 관심을 끌게 될 것이다. 구체제하에서는 모든 것이 타락했고, 모든 것이 유죄였다. 하지만 악덕의 실태 자체에서 어떤 개선의 여지를 확인할 수 있지 않을까? 여성에게는 아름답거나 사랑스러울 의무밖에 없었다. 이 두 가지 장점을 지닌 여성은 온갖 행운을 누렸다. 그걸 활용하지 않는 여성은 이상한 성격이거나, 아니면 부를 경멸하는 희한한 철학을 가진 것으로 여겨졌다. 이 경우 그 여성은 그저 괴팍한 사람으로 간주될 뿐이었다. 더없이 저속한 여자는 금화를 통해 인정받고자 행동했다. 여자를 사고파는 일은 일종의 일등 계급에서 받아들여

5　퐁파두르 부인과 베르니 사제의 경우를 생각해보라.

진 거래였는데, 이들은 앞으로 모든 명망을 잃게 될 것이다. 그들의 명망이 아직 남아 있다면 혁명은 실패한 것이 될 테고, 새로운 관계 속에서도 우리는 여전히 부패하게 될 것이다. 그러나 남자들이 아프리카 해안에서 노예를 사듯이 사들이는 여성에게는 또 다른 행운의 길이 막혀 있다는 것을 이성이 받아들이지 않을 수 있을까? 우리는 노예와 여성 사이의 차이가 크다는 걸 알고 있다. 여성이라는 노예는 주인에게 명령한다. 하지만 주인이 노예에게 보상 없이 자유를 제공해준다 한들 모든 매력을 잃는 나이가 된 이 불우한 노예는 어떻게 되겠는가? 멸시의 노리개가 된다. 자비의 문조차 그녀에게는 닫힌다. 그녀는 가난하고 늙었다. 사람들은 말한다. "왜 재산을 못 모았을까?" 더 가슴 아픈 다른 예들도 제시할 수 있다. 경험 없는 젊은 여인이 사랑하는 남자에게 매료되어 부모를 버리고 그를 따른다. 몇 년 뒤 배은망덕한 남자가 그녀를 버릴 것이다. 여자가 그의 곁에서 늙어갈수록 그는 더욱 비인간적으로 변심하게 될 것이다. 여자에게 아이가 있어도 그는 그녀를 버릴 것이다. 그가 부자라면 자기 재산을 고결한 희생자들과 나누는 걸 면제받았다고 생각할 것이다. 어떤 약속이 그에게 의무를 지우면 그는 법에 기대어 의무를 위반할 것이다. 그가 결혼을 했다면 다른 모든 약속은 제 권리를 상실한다. 그러니 악덕을 뿌리까지 뽑을 수 있는 법이 있기는 하겠는가? 남성과 여성 사이의 재산 분배와 공공 행정에 관한 법 말이다. 부유한 집안에서 태어난 여성이 분배의 평등으로 많은 재산을 받으리라는 건 쉽게 생각할 수 있다. 하지만 덕성과 자격을 갖추었다 한들, 가난한 집안에서 태어난 여성이 어떤 몫을 받겠는가? 가난과 불명예뿐이다. 그런 여성은 음악이나 그림에 명백히 탁월한 재능을 보이지 않는다면 제아무리 능력을 갖추어도 공직에 받아들여지지 못한다. 지금 내가 이야기하려는 건 그저 간략한 통찰일 뿐이며, 며칠 내로 주석과 함께 대중에게 내놓을 나의 정치적 저서의 새 판본에서 이 문제들을 깊이 다룰 생각이다.

풍속에 관해서는 예전 글을 그대로 쓰겠다. 결혼은 신뢰와 사랑의 무덤이다. 결혼한 여성은 남편에게 법적 제재 없이 사생아를 안겨줄 수 있으나 그 아이에게 재산을 물려줄 수는 없다. 결혼하지 않은 여성은 아주 미미한 권리밖에 갖지 못한다. 비인간적인 옛날 법들은 이런 여성의 자식들에게 아버지의 이름과 재산에 대한 권리를 인정해주지 않았는데, 이에 관한 새로운 법은 여전히 만들어지지 않았다. 만약 내가 나서서 여성들에게 명예롭고 정의로운 일관성을 부여하려고 한다면 이는 마치 모순 명제와도 같이 어떤 불가능을 시도하는 것처럼 간주될 터이기에, 나는 남성들에게 이 문제를 처리하는 영광을 넘기려 한다. 하지만 기다리는 동안 우리는 국가 교육과 풍속의 복원, 부부간의 규범을 통해 그 영광을 준비할 수 있다.

남성과 여성의 사회계약 양식

우리 아무개와 아무개는 스스로의 의지에 따라 목숨이 다할 때까지 서로의 애정이 이어지는 동안 다음과 같은 조건으로 결합한다.

우리는 재산을 공동소유 하기를 바라며 이에 대해 합의하되, 우리 자식들과 우리가 각별한 애정을 느낄 수도 있을 사람들을 위해 재산을 나눌 권리를 남겨둔다. 어떤 침대에서 생긴 자식이건 구분 없이 자식들에게 우리 재산이 직접 귀속된다는 걸 인정하며, 모든 자식이 그들을 인정한 아버지와 어머니의 이름을 가질 권리를 인정하고, 자기 혈육을 희생시키는 것을 법적으로 벌하는 것에 동의해야만 한다. 또한 별거의 경우에는 재산을 분배해야 하며, 법으로 지정된 자식들의 몫을 공제해야 한다. 완벽한 결합의 경우, 죽는 쪽은 자기 재산의 반을 자식을 위해 양도할 것이다. 한쪽이 자식 없이 죽는 경우, 죽는 사람이 공동 재산의 반을 적합하다고 판단한 사람에게 처분하지 않았다면, 남는 쪽이 그 권리를 물려받을 것이다.

이것이 내가 실행을 제안하는 부부 증서 양식이다. 이 이상한 글을 읽고서 가짜 독신자들, 정숙한 체하는 여자들, 성직자들을 비롯한 온갖 성가신 패거리들이 반대해 들고일어나는 게 보인다. 하지만 이 글은 현자들에게 행복한 정부의 개선 가능성에 도달할 도덕적 방법들을 제안하고 있지 않는가? 그 물리적 증거를 몇 마디 말로 제시하겠다. 자식이 없는 부유한 쾌락주의자는 가난한 이웃의 집으로 가서 자기 가족을 늘리는 걸 아주 좋게 생각할 것이다. 가난한 자의 아내가 자기 자식들을 부자에게 입양시키는 걸 허용하는 법이 있다면 사회관계는 한층 긴밀해질 것이며 풍속도 한결 정화될 것이다. 이 법은 아마도 공동체의 재산을 지켜줄 것이며, 숱한 희생자들을 수모와 천박함, 퇴화한 인간성으로 가득한 구빈원으로 이끈 무질서를 막아줄 것이다. 이 구빈원들은 오래전부터 인간의 본성을 짓눌러왔다. 따라서 이 건강한 사상을 비방하는 자들은 원초적인 풍속에 항의하는 것을 그만두거나 아니면 그들 인용문의 원전 속에서나 헤맬 일이다.[6]

나는 또한 애정을 가졌던 남자의 거짓 약속들에 속은 처녀들과 미망인들을 위한 법률도 제정되길 원한다. 절개 없는 남자가 약속을 지키도록 법이 강제해주길 바란다. 아니면 그가 가진 재산에 걸맞은 배상금을 지불하도록 해주길 바란다. 또한 그 법이 여성들에게도 엄격하기를 바란다. 적어도 방탕한 행동으로 스스로 어긴 법에 뻔뻔하게 도움을 구하는 여자들에게는 증거를 바탕으로 법이 엄격하게 적용되기를 바란다. 1788년[7] 「인간의 근본적인 행복」에서 내가 주장한 대로 창녀들이 지정된 거리에 머물기를 바란다. 풍속의 타락에 가장 기여하는 건 창녀들이 아니라 사회의 여성들이다. 후자의 여성들을 되살림으로써 우리는 전자의 여성들을 변화시킬 수 있다. 이 박애적 결합 관계는 처음엔 무질서를 초래하겠지만 결국엔 완벽한 조화를 낳을 것이다.

여성들의 정신을 고양할 불굴의 방법을 한 가지 제시하겠다. 남성의 모든 활동에 함께하게 하는 것이다. 남성이 이 방법이 실행 불가능한 것이라고 고집한다면 그는 자기 변덕이 아니

---

6 아브라함은 이런 식으로 아내의 하녀인 하갈에게서 지극히 합법적인 자식들을 얻었다.

7 「인간의 근본적인 행복」을 집필한 것은 1788년이나 인쇄물의 형태로 발표한 것은 1789년이다.(옮긴이)

라 법의 지혜에 따라 아내와 재산을 나눠야 할 것이다. 편견이 사라지고 풍속이 정화되고 자연이 제 모든 권리를 되찾는다. 거기에 사제들의 결혼도 덧붙여야 할 것이다. 그렇게 왕권이 강화되면, 우리 프랑스 정부가 무너질 일은 없을 것이다.

우리 소유의 섬들에서 유색 인종을 위한 법령이 초래하는 불안들에 대해서도 몇 마디 하지 않을 수 없다. 바로 그곳에서 자연이 두려움에 떤다. 바로 그곳에서 이성과 인류애가 아직 냉혹한 영혼들을 감동시키지 못했다. 무엇보다 바로 그곳에서 분열과 불화가 주민들을 동요시키고 있다. 이 선동적인 술렁임의 주모자들을 짐작하기란 어렵지 않다. 그런 자들은 국민의회 내부에도 있다. 그들은 유럽에 불을 지르고 있고, 이제 그 불은 아메리카까지 옮겨붙고 있다. 식민지 개척자들은 그곳 주민들의 아버지이고 형제이면서 마치 폭군처럼 군림하려고 든다. 그들은 자연권을 무시한 채 피의 희미한 자취까지 그 원천을 쫓는다. 비인간적인 식민지 개척자들은 말한다. "우리의 피가 그들의 혈관 속을 흐르지만 우리의 탐욕과 맹목적인 야심을 채우는 데 필요하다면 그 피를 몽땅 뿌릴 것이다." 바로 자연에 가장 가까운 이런 곳들에서 아버지가 아들을 인정하지 않는다. 피의 외침에 귀를 틀어막고 피의 끌림을 깡그리 질

식시키는 것이다. 그에 맞서는 저항에서 우리가 무엇을 기대할 수 있을까? 폭력으로 억누르는 건 오히려 그 저항을 공격적으로 만들고, 노예처럼 가두는 건 모든 재앙을 아메리카로 향하게 만든다. 신의 손이 인간의 전유물인 **자유**를 사방에 퍼뜨리는 것처럼 보인다. 이 자유가 방종으로 변질된다면 오직 법만이 그것을 억제할 권리를 갖는다. 하지만 이 법은 만인에게 평등해야 하며, 무엇보다 신중함과 정의로 만들어진 그 법령 속에 국민의회를 가두어야 한다. 이 법은 프랑스 정부에도 마찬가지로 적용될 수 있어야 하며, 나날이 더 끔찍해지는 옛 악습들에 그러듯이 새로운 악습들에도 세심히 적용되어야 한다! 입법권과 행정권을 조화롭게 바로잡아야 한다고 생각한다. 왜냐하면 내 눈에는 한쪽은 전부이고, 다른 한쪽은 아무것도 아닌 것처럼 보이기 때문이다. 불행히도 바로 그 때문에 프랑스 제국의 파멸이 일어날지도 모른다. 나는 이 두 권력을, 좋은 가정을 꾸리자면 하나가 되어야 하는, 힘과 덕성에서 동등한 남자와 여자[8]처럼 생각한다.

그 어떤 인간도 자신의 운명에서 달아날 수는 없다. 오늘날

---

[8]   미셸 드 메르빌의 「경이로운 저녁 식사」에서 루이 16세의 정부情婦가 누구인지 궁금해하는 니농에게 사람들은 국민이라고 답하며, 만약 이 정부가 지나치게 큰 영향력을 행사할 경우 정부政府를 부패시킬 것이라고 덧붙인다.

나는 그것을 확실하게 경험했다. 그저 웃고 지나칠 만한 가벼운 말 몇 마디 하자고 이 저작을 쓰는 것이 아님을 여러 번 되새겼지만, 운명은 다른 결정을 내렸다. 지금부터 그 이야기를 해보겠다.

경제는 전혀 보호되지 않으며, 이 비참의 시대에는 더욱더 그러하다. 나는 시골에 살고 있는데, 오늘 아침 8시경 오퇴유를 떠나 파리에서 베르사유를 잇는 길로 접어들었다. 그곳에는 저렴한 가격으로 행인들을 불러 모으는 술집들이 있다. 오늘은 아침부터 왠지 운이 좋지 않았다. 슬픈 모습의 귀족적인 전나무 한 그루 보이지 않는 성문 근처에 이르러 대신들이 몸을 숨기던 거창한 건물의 계단에 걸터앉아 휴식을 취했다. 9시를 알리는 종이 울렸고, 나는 가던 길을 재촉했다. 내려다보니 마차 한 대가 보여서 잡아탄 덕분에, 9시 15분에 퐁루아얄⁹에 도착할 수 있었다. 그곳에서 전나무를 한 그루 샀고, 아직 완벽하게 채워지고 묶인 원고는 아니었지만 교정쇄를 수정하는 등 여러 가지를 손볼 시간이 오늘 아침나절밖에 없었기 때문에 크리스틴가街에 위치한 인쇄소로 달려가 20여 분간 머물렀

---

9 파리에서 세 번째로 오래된 다리로, 루브르궁의 플로르관館과 바크가街를 잇는다.(옮긴이)

다. 이동과 편집, 인쇄에 지친 나는 저녁을 먹을 예정이었던 탕플 거리에서 목욕을 하기로 했다. 목욕탕에 도착했을 때 시계는 10시 45분을 가리키고 있었다. 마부는 한 시간 반을 대기해야 했는데, 그와 언쟁을 벌이고 싶지 않아 48솔[10]을 지불했다. 예상했던 대로 그는 그 이상을 요구하기 시작했고 소란을 피웠다. 나는 그에게 노동의 대가 이상을 줄 수는 없다고 고집을 부렸는데, 공정한 존재는 속아 넘어가기보다 관대하기를 선호하기 때문이다. 나는 법에 근거하여 그에게 으름장을 놓았으나 그는 그런 것 따위는 신경 쓰지 않는다고 말했다. 꼼짝없이 두 시간분의 금액을 치러야 했다. 우리는 합의를 위해 경찰서로 갔다. 공식적으로 신고해야 마땅한 행태를 보인 경찰관의 명예를 위해 그의 이름을 공개하지는 않겠다. 경찰관은 정당함을 요구하는 여성은 자비롭고 공정한 여성임을 무시하고 나의 합리적인 진술에도 불구하고 내게 마부가 요구한 금액을 지불할 것을 명령했다. 그보다 법을 잘 알고 있던 나는 이렇게 이야기했다. "경관님, 저는 당신의 명령을 거부합니다. 당신의 분야가 아닌 일을 처리할 때는 보다 더 주의를 기울이시기

---

10 혁명 이전 프랑스의 보조 통화. 부르봉왕조 시기 프랑스에서는 비율이 일정하지 않은 화폐 제도가 혼재했고, 리브르는 그중 하나였다. 1리브르는 20솔이었다.(옮긴이)

를 바랍니다." 그러자 이 남성은, 아니 조금 더 생생하게 전하자면 이 미치광이는 나를 겁박하며 당장 그 금액을 지불하지 않으면 하루 종일 경찰서에 붙잡아두겠다고 윽박질렀다. 경찰관의 지위 남용에 대해 시시비비를 가리기 위해 도립 법정과 시청으로 향했다. 먼지가 풀풀 날리고 그의 발언만큼이나 역겨운 프록코트를 입은 존엄하신 재판관은 나를 달래듯 이렇게 말했다. "이 사건은 국민의회로 가야겠는데? 그래야 해결이 나겠소." 이 얼간이 같은 판결에 화가 나기도 하고 실소가 나기도 해서 "깬 민중에게 이따위 판결이나 내리는 게 남자 놈들이지!"라고 소리쳤다. 이뿐만이 아니다. 유사한 일들이 저열한 인간들과 훌륭한 동지들을 가리지 않고 일어난다. 법정에는 오로지 무질서에 대한 단말마의 외침만이 있을 뿐이다. 정의는 사라졌고 법은 오용되고 있다. 경찰은 이런 상황에 익숙하고, 신은 세상이 왜 이렇게 되었는지 잘 알고 계신다. 우리는 더 이상 적당한 마차를 이용할 수 없을 것이다. 그들은 마음대로 차량 번호를 바꾸고, 나를 포함한 많은 승객들은 마차를 타면서 많은 손해를 입게 될 것이다. 구체제하에서는 강도 사건이 일어나면 그 흔적을 쫓고 수배를 내리는 등 정확한 차량 번호를 가지고 확실한 수사를 진행했었다. 그런데 작금의 평화적인 합의는 어떤가? 새로운 체제하의 수사관들과 경찰관들은 무얼 하고 있는 건가? 실수와 독점뿐이다. 국민의회는 이러한 부분에 주의를 기울여 사회질서를 바로잡아야 할 것이다.

1791년 9월 14일

프랑스인의 양식良識

올랭프 드 구주는 이 게시문에서 국민들에게 성 평등의 합법성에 대해 이해해주기를 요청하며 이를 실현하기 위한 법령 마련을 촉구한다.

당신들은 오만함을 소멸시키고 싶습니까, 아니면 오만함을 키우고 싶습니까?

당신들은 사람들이 자연의 질서를 존중하는 것에 길들여지기를 바랍니까, 아니면 자연의 질서를 침해하기를 바랍니까?

당신들은 가정 내에서 사랑과 화합을 이루고 싶습니까, 아니면 두려움과 불신이 가정을 지배하기를 원합니까?

당신들은 좋은 풍속을 일깨우고 싶습니까, 아니면 부패 상태에 머무르고 싶습니까?

당신들은 한마디로 선을 창조하고 싶습니까, 아니면 악을 퍼뜨리고 싶습니까? 행복을 만들어내고 싶습니까, 아니면 지금 세대의 불행을 계속 이어가고 싶습니까?

만약 당신들이 선을 원한다면 서두르십시오. 당신들이 우리의 대표가 되기 전에 국가는 법을 내세웠습니다. 헌법과 그 계획에 따라 그 법을 조율하고, 인종과 관련된 가장 우선적이고 중요한 계약의 규칙을 정했습니다.

탐욕과 이기주의, 교만을 뿌리 뽑고 평등과 자유, 안전과 공정성을 정착시키기 위해서는 단 하나의 법령이면 충분합니다.

오, 입법자들이여, 당신들은 우리를 혼란스럽게 합니다! 정의와 인간성이 매일 위협받고 있기에, 당신들의 정신이 범법자들과 어떻게 다른지 의심스럽습니다.

교회와 기존 판례가 외치는 반대의 목소리를 듣지 마십시오.

민중은 편견을 등 뒤로 던져버렸습니다. 민중은 헌법과 철학을 위해 횃불을 들었습니다. 민중은 당신들에게 우리의 오래된 인습의 부끄러운 폐허를 가루로 만들어버릴 단 하나의 법령만을 요구합니다. 이 법령은 법학자들을 제지해 그들이 낡은 법의 야만성을 헌법 조항의 숭고한 단순함으로 치환해버리는 것을 막습니다. 이 법령은 모든 프랑스의 개인들 사이에 존재하듯이 존재하는 남편과 아내 사이의 평등에 대해 이해할 수 있게 해줄 것이며 각자의 소유에 대해 보장해줄 것입니다. 이성의 빛을 따라 합리적인 판결을 내리는 가정법원의 감독하에 이혼 절차를 밟게 될 것이며 자식들의 이익과 재산 분할에 대해 주의를 기울일 수 있게 될 것입니다.

우리의 법원이 민중이 존중하는 바를 지켜줄 수 있도록 서두르십시오. 모든 봉건적 특권, 재산의 침탈, 모든 종류의 노예 상태에 대한 배척을 공표하십시오. 그리하면 곧 자유와 평등의 한가운데에서 정의롭고 자랑스러운 불굴의 인간이 길러질 것입니다.

1792년 2월 17일

노예제에 반대하며

'흑인종'에 관하여

올랭프 드 구주는 자신이 어떤 맥락에서 흑인에 대해 관심을 가지게 되었는지 밝히며 이 주제로 희곡을 쓰게 된 것을 정당화한다.

나는 언제나 흑인종의 비참한 운명에 관심이 많았다. 인지력이 겨우 발달하기 시작했을 무렵, 아이들이 아직 생각이라는 것을 하지 않는 나이에 처음으로 흑인 여자의 모습을 보고, 나는 그녀의 피부색에 궁금증을 가지게 되었다.

그 당시 내가 질문을 던질 수 있었던 사람들은 내 호기심과 사유를 만족시켜주지 못했다. 그들은 흑인을 야만인으로, 하늘이 저주를 내린 존재로 취급했다. 하지만 나는 나이가 들면서 그들을 그 끔찍한 노예 상태로 단죄한 것이 힘과 편견이었음을, 여기에 자연은 아무 책임이 없으며 오직 백인들의 부당하고 강력한 욕심이 모든 걸 야기했음을 명백히 알게 되었다.

오래전에 이 진실과 흑인들의 끔찍한 상황을 이해한 나는 그들의 이야기를 내 상상에서 나온 첫 번째 극작품[1] 주제로 다루었다. 많은 이들이 그들의 운명에 주의를 기울였고, 그 운명을 위로하려는 작업을 했다. 그러나 코메디프랑세즈[2]의 반대만 아니었으면 실현이 가능했을 내 계획처럼 그들을 본래 피부색과 입은 옷 그대로 무대에 등장시킬 생각은 그 누구도 하지 못했다.

미르자[3]는 그의 본래 언어를 고수했는데, 그렇게 정겨울 수 없었다. 내가 보기엔 이 점이 극에 흥미를 더하는 것 같았는데, 코메디프랑세즈 회원들을 제외한 모든 전문가들의 생각도 그러했다. 내 작품이 어떻게 받아들여졌는지에 대해서는 더 이상 신경 쓰지 말자. 나는 이 작품을 대중에게 공개한다.

흑인들의 끔찍한 운명으로 돌아가자. 언제쯤 우리는 그 운

1 1784년에 발표한 「자모르와 미르자 또는 행복한 난파」를 의미한다.(옮긴이)
2 1680년 루이 14세가 설립한 프랑스 국립 극단. 프랑스 연극의 전통을 보존하는 데 중점을 두고 있다.(옮긴이)
3 「자모르와 미르자 또는 행복한 난파」의 여주인공으로, 프랑스령 식민지 섬의 원주민이다. 극 중에 섬 이름은 나오지 않으나 카리브해의 한 섬으로 추측된다.(옮긴이)

명을 바꾸거나, 아니 적어도 달랠 수 있을까? 나는 정부 정책
에 대해서는 아는 것이 없지만 정부는 정의롭고 우리로 하여
금 자연법을 실감케 해준다. 정부는 근본적인 악습에 대해서
호의적인 시각을 보인다. 인간은 어디서건 평등하다. 정의로운
왕들은 노예를 원치 않는다. 그들은 복종하는 신민들이 있음
을 안다. 프랑스는 욕심과 야심이 미지의 섬들에 자리 잡기 시
작한 이래로 누군가를 위해 죽도록 고통받고 있는 불행한 이
들을 버리지 않을 것이다. 탐욕을 금이라고 이름 붙인 금속과
피를 갈구하는 유럽인들이 이 행복한 풍토의 자연을 바꾸어
놓았다. 아버지는 자식을 알아보지 못했고 아들은 아버지를
희생시켰으며 형제들은 서로 싸웠고 패자들은 시장에서 소처
럼 팔렸다. 아니, 이것은 세상 곳곳에서 이루어지는 거래가 되
었다.

　인간 무역이라니! 세상에나! 자연이 전율할 만하지 않은가?
그들이 동물이라면 우리도 동물이 아닌가? 백인은 어떤 점에
서 그들과 다른가? 차이점이라고는 피부색뿐이다……. 왜 밋
밋한 금발을 혼혈에서 생겨난 갈색 머리보다 선호할까? 이 경
향은 흑인보다 혼혈을 선호하는 것만큼이나 놀랍다. 자연이
만든 모든 동식물과 광물이 그렇듯 인간의 피부색에도 미묘한

차이가 있다. 왜 낮이 밤과, 태양이 달과, 별이 창공과 색을 두고 다투지 않는가? 모든 것은 다양하며, 바로 그래서 자연이 아름다운 것이다. 그런데 왜 자연의 작품을 파괴하려 드는가?

인간이 자연이 만든 가장 아름다운 걸작은 아니지 않은가? 오스만제국은 우리가 흑인들에게 하는 짓을 백인들에게 한다. 그런데도 우리는 오스만인을 야만인이나 비인간적인 인간으로 여기지 않는다. 그리고 우리도 복종 말고는 달리 저항할 길이 없는 인간들에게 똑같이 잔인한 짓거리를 행한다.

하지만 복종에 진절머리 나게 될 때 여러 섬과 서인도제도에 사는 이들의 야만적인 전제주의는 과연 무슨 일을 벌이겠는가? 온갖 종류의 항거들, 집단의 힘으로 증가한 살육, 독살 등 일단 항거가 일어나면 인간이 할 수 있는 모든 일이 벌어질 것이다. 교묘한 술책으로 많은 토지를 획득한 유럽인들이 아침부터 저녁까지 이 불우한 사람들을 두들겨 팬다면 끔찍하지 않겠는가? 그들에게 좀 더 자유를 주고 상냥하게 대한다고 그들이 비옥한 밭을 대충 경작하지는 않을 텐데 말이다.

우리가 저들의 지극히 사소한 잘못에 더없이 끔찍한 벌을 내리지 않더라도 그들의 운명은 매우 가혹하다. 저들의 노동은 충분히 고되지 않은가? 그들의 운명을 바꾸기를 주창하고, 그들이 종속된 채 전적인 자유를 악용할 것을 겁낼 필요 없이 그들의 처지를 개선할 방법을 제시하는 사람들도 있다.

　나는 정치에 대해서는 아무것도 모른다. 하지만 보편적인 자유는 백인과 마찬가지로 흑인을 중요한 존재로 만들어줄 것이라 추측한다. 그들로 하여금 자기 운명의 주인이 되도록 놓아주고 나면 그들은 스스로의 의지로 그렇게 될 것이다. 그들이 아이들을 곁에 두고 기를 수 있게 해야 한다. 그러면 훨씬 더 확실한 태도로 작업에 열심히 임할 것이다. 진영 의식 때문에 괴로워하지도 않을 것이며, 다른 사람들처럼 일어설 권리가 주어지면 그들은 훨씬 더 온순하고 인간적인 사람들이 될 것이다. 해로운 음모에 대해 걱정할 필요도 없어질 것이다. 그들은 유럽의 농부들처럼 자기 고장의 자유로운 경작자가 될 것이다. 외국으로 가려고 밭을 떠나지 않을 것이다.

　흑인들에게 자유를 주면 일부 탈주자들이 생겨나기는 하겠지만 그 수는 프랑스 시골 주민들보다 훨씬 적을 것이다. 시골 마을의 젊은이들은 나이가 차고 힘과 용기가 생기기 무섭게 하인이나 인부 같은 점잖은 일자리를 찾아 대도시로 떠난다. 하인 한 명을 뽑는 자리에 백 명의 경쟁자가 몰리는 데 반해 우리네 밭에는 경작할 사람이 부족하다.

이 자유는 무위도식자들, 불행한 사람들, 온갖 종류의 불량한 인간들을 계속 늘린다. 국민 각자에게 지혜롭고 유익한 한계를 정하는 것이 군주들과 공화국들이 할 일이다.

내가 가진 이해력으로 확실한 방법을 찾을 수는 있겠지만 그걸 제시하는 건 자제할 생각이다. 정부 정책에 관해서는 더 연구하고 식견을 갖추어야 할 것이다. 이미 말했듯이 나는 아는 바가 없어 좋든 나쁘든 내 관찰을 우연에 맡긴다. 내가 이 불우한 사람들의 운명에 그 누구보다 관심을 가진 것은 분명하다. 그들의 안타까운 역사에 관한 극작품을 구상한 것이 벌써 5년이나 되었기 때문이다.

코메디프랑세즈에 딱 한 가지 조언을 하려 한다. 평생에 한번 간청컨대, 흑인들의 피부색과 의상을 받아들여달라는 것이다. 이보다 더 좋은 기회가 없다. 나는 이 극의 공연이 야심에 희생된 이들을 위해 우리가 기대했던 효과를 낼 것이라 희망한다.

의상은 이 작품에 대한 흥미를 드높일 것이다. 이 작품은 최고의 작가들의 펜과 마음을 움직일 것이다. 내 목표는 달성될 것이고, 내 야심은 채워질 것이다. 극작품의 품위는 색깔 때문에 떨어지는 게 아니라 오히려 승격될 것이다.

내가 갈망하는 대로 이 작품이 공연되는 걸 보게 된다면 더 없이 기쁠 것이다. 이 미약한 스케치는 후대를 위한 감동적인 그림을 요구할 것이다. 화필을 뽐내고 싶은 화가들은 더없이 현명하고 유용한 인류애의 창시자로 간주될 수 있을 것이며, 나는 그들의 견해가 이 주제를 위한 내 희곡의 취약점을 보완해줄 것이라고 확신한다.

신사 숙녀 여러분, 꽤나 오랫동안 차례를 기다려온 내 작품을 공연해주길 바란다. 여러분이 원한 대로 인쇄된 작품이다. 나와 더불어 온 국민이 여러분에게 이 작품의 상연을 요청하고 있다. 국민들의 뜻도 내 뜻과 다르지 않으리라 확신한다. 내 경우를 비롯해서 다른 사람의 경우일지라도 이 감정은 자기애 같아 보일 것이다. 하지만 이 감정은 흑인을 위하는 모든 군중의 함성이 내 마음에 심어준 인상일 뿐이다. 나를 높이 평가해준 독자라면 모두가 이 진실을 믿어 의심치 않을 것이다.

내게 너무나 소중한 이 마지막 의견들을 통과시켜주길 바란다. 이 정도 대가代價라면 나도 의견을 제시할 수 있을 것 같다. 신사 숙녀 여러분, 이만 안녕히. 내 소견을 밝혔으니 여러분이 적절하다고 판단하는 대로 내 작품을 공연하기를 바란다. 나는 연습에 일절 관여하지 않겠다. 내 모든 권리는 아들에게 넘긴다. 내 아들이 그걸 옳은 일에 사용하기를, 코메디프랑세즈를 위한 작가가 되지 않기를 바란다. 내 아들이 내 말을 믿는다면 아무렇게나 휘갈겨 쓴 글자들로 종이를 버리는 일은 하지 않을 것이다.

1788년 2월

깨달음을 얻고 싶어 하는 식민지의 개척자
또는 미국인 투사에게 띄우는 답신

자신의 희곡 공연에 반대하는 허구의 식민지 개척자에게 보내는 공개 서한 형식을 띤 이 글에서 올랭프 드 구주는 노예제 폐지를 지지하고, 노예들에게 가해지는 폭력에 반대하는 의견을 개진한다.

    선생님, 더 이상 프랑스 내에서는 싸우지 않게 되었지만, 이따금 서로를 암살한다는 것은 인정할 수밖에 없습니다. 살인자들을 부추기는 것은 매우 경솔한 일이지만 그보다 더 무분별하고 저속하며 부당한 일은 명예로운 사람들을 가장 부적절한 방식으로 헐뜯으며 공격하는 일일 것입니다. 당신이 마음속으로 두려워할 라파예트 장군[1]더러 용기가 부족하다고 탓

하는 것처럼 말이지요. 물론 저는 이 위대한 영웅에 대해서 거의 알지 못한다는 사실을 미리 말씀드립니다. 당신이 마치 그를 잘 알고 있는 것처럼 행세하는 것과는 다르게 말이지요. 저는 오직 그의 흠결 없는 명성과 널리 알려진 재능, 두려움 없고 나무랄 데 없는 바야르²와 같은 용기에 대해서밖에는 모릅니다. 프랑스의 행복과 국민의 권력이 그에게 많은 빚을 지고 있다는 사실도 함께요. 당신이 언급한 유명한 남성들을 변호하고 싶은 생각은 추호도 없습니다. 그들은 모두 군인이자 프랑스인이었으며, 이 지위만으로도 그들의 용맹을 증명하는 데에는 충분합니다.

그렇지만 선생님, 당신이 제게 저지른 무례한 실수를 보니 원래의 제 목적에서 조금 비껴간 이야기를 해야 할 것 같습니다. 제가 '흑인의 친구들'³에 속한 사상가들을 옹호하는 것은 그들의 신조 때문이 아니라 저의 독자적인 신념 때문입니다.

---

1   질베르 뒤 모티에 드 라파예트 후작(1757~1834). 프랑스의 사상가이자 장교로서 미국 독립 전쟁에 참가하여 조지 워싱턴 휘하에서 대륙군을 지휘, 탁월히 업무를 수행했다.(옮긴이)
2   바야르 영주인 테라유의 피에르(1473~1524). 프랑스의 장군. 바야르의 기사로 알려져 있다. 수 세기 동안 '두려움 없고 나무랄 데 없는 기사'로 여겨진, 기사의 상징과도 같은 인물이다.(옮긴이)
3   식민지에서 백인과 유색인의 평등, 흑인 노예무역의 즉각적인 금지, 노예제의 진보를 목표로 1788년 2월 19일 창설된 협회.(옮긴이)

당신은 제 힘으로 이 유일한 무기를 사용하도록 친절히 허락하시겠지요. 그러므로 우리는 싸울 것입니다. 저의 **어리석음** jeanlorgnerie⁴ 덕분에, 이 특별한 싸움은 많은 인명을 빼앗지는 않을 것입니다. 어쨌거나 당신은 저의 성별을 뛰어넘는 용기와 덕성을 인정할 것이며 저 역시도 교만을 떨지 않고 그 부분에 동의할 수 있습니다. 하지만 당신은 저의 보잘것없는 작품들과 언어 속에서 학자, 문인, 아둔한 자를 지켜주는 시학의 뮤즈들을 발견하는 것에는 별다른 관심을 두시지 않는 것 같습니다. 명예와 명성을 통해 재능을 존중해온 작가들을 제외하고는 대부분 그러시겠지만 말입니다. 이 두 가지 장점을 갖추지 못하면 문학적 미덕은 별것 아닌 게 되어버립니다. 어쨌거나 제게 중요한 것은 당신께 알려주어야만 하는 것, 그러나 당신이 완벽하게 무시해왔던 것이니, 이 이야기를 해보도록 하겠습니다.

선생님, 당신은 한 여인이 '흑인의 친구들'을 이용하여 식민지 개척자들을 도발하고 있다고 생각하고 있습니다. 지성과

---

4 극작가 마리보의 작품에 나오는 아둔한 등장인물 장 로르뉴Jean Lorgne의 이름을 활용한 말장난. 올랭프 드 구주는 존경받는 연극에 대한 지식을 드러냄으로써 극작가로서의 능력에 대한 오해를 불식하고자 의도적으로 이 단어를 자주 사용했다.(옮긴이)

재능은 물론 용기까지 지닌 한 남성이 한 여성에게 결투장을 전하는 임무를 맡기고, 비겁하고 기이한 거래를 통해 용기를 증명해 보일 것을 요구하는 것은 참으로 대단한 일입니다. 그렇기에 당신의 능력을 돈키호테적인 어떤 것으로 여길 수밖에 없고, 존재하지 않는 망령에 대해 이야기하는 허풍선이로 생각할 수밖에 없습니다. 그럼에도 불구하고 당신이 다시 이성을 찾기를 바라며, 당신과 함께 도저히 처방전이 없어 보이는 병증에 대해 비웃고 싶습니다. 당신은 '흑인의 친구들 협회'와 싸우고자 했고, 그걸 본 저는 훨씬 더 끔찍한 것들이 떠올랐습니다……. 모든 것을 파괴하던 시간, 제멋대로 예술과 양속, 인간의 정의를 바꿔놓았던 시간은 제가 그토록 아껴주어야 하던 이들의 정신은 절대 건드리지 못했습니다.

몇 달 전부터 실수와 위선, 부당함의 장막이 바스티유 성벽과 함께 프랑스를 뒤덮고 있습니다. 그러나 제가 고발해왔던 전제정치는 여전히 몰락하지 않았기에, 저는 그것을 무너뜨리기 위해 모든 힘을 기울이려 합니다. 이것은 복잡한 미로 한가운데에 서 있는 한 그루의 가시 돋친 나무와도 같습니다. 그 가지를 베어버리기 위해서는 메데이아의 강력한 마법이 있어야 합니다. 황금 양털을 손에 넣기 위해 이아손에게 필요했던 정성과 솜씨도 이 엄숙한 나무와 인간의 재능에 해를 끼치는 독이 묻은 가지들을 피하기 위해서 겪는 고뇌와 계략에 비할 바가 아닙니다. 이 가지들을 잘라내기 위해서는 시민들을 돌로 만들어버리거나 이곳저곳을 미끄러져 다니며 저의 저작들과 인격에 독을 뿜어대는 뱀으로 변신하는 스무 마리의 위험한 용을 쓰러뜨려야 할 것입니다.

그러나 곰곰이 생각해본 끝에, 저는 당신이「흑인 노예제」[5]에 반대하는 비굴한 과격파들의 선봉에 '영예롭게' 서 있었다는 의심을 거두기로 마음먹었습니다. 당신은 이 작품에 무슨 책임을 묻고자 합니까? 극작가에게 어떤 죄를 뒤집어씌우려고 하는 것입니까? 미국의 개척자들을 파멸시키려고 한다고요? 자유의 남용이 얼마나 많은 악을 낳는지 증명한 이후에 발표한 저의 모든 저작들을 다 높이 평가하지도 않는 사람들, 저보다 당신이 훨씬 잘 아는 이들의 대리인 노릇을 한다고요? 저를 잘 알지 못하시는 것 같습니다. 저는 전횡의 시기에도 달콤한 자유의 전도자를 자처했던 사람입니다. 하지만 진정한 프랑스 여성으로서, 저는 저의 조국을 우상화합니다. 조

---

5 1784년 발표한「자모르와 미르자 또는 행복한 난파」는 1789년 '흑인 노예제'라는 제목으로 상연됐다.(옮긴이)

국을 위해서라면 모든 것을 바칠 수 있습니다. 저는 저의 군주도 똑같이 소중히 여깁니다. 그가 아버지로서 갖추어야 할 미덕들과 온화함을 갖춘다면 그에게 저의 피를 바칠 것입니다. 저는 저의 조국에게 저의 군주를 바치지 않으며, 저의 군주를 위해 저의 조국을 희생시키지 않습니다. 저는 이들은 상호 불가결의 존재라고 생각하며, 이 둘을 함께 구하고자 합니다. 우리는 한 사람이 쓴 글을 통해 그 사람에 대해 파악할 수 있습니다. 선생님, 제 글을 읽어주십시오. 「민중에게 보내는 편지」에서부터 「국민에게 보내는 편지」[6]에 이르는 제 글들을 읽어보시면, 자화자찬인 듯하여 조금 민망하지만, 진정한 프랑스인의 정신과 심정을 인정하시게 될 것입니다. 극단적인 정당들은 언제나 제 글을 증오하고 두려워했습니다. 저는 글을 통해 상반되는 이익을 추구하며 분열된 두 분파들을 폭로해왔습니다. 변하지 않는 좌우명, 변질되지 않는 감성, 이것이 제가 추구해온 원칙입니다. 살아서도 죽어서도 변치 않는 왕당파이자 진정한 애국자로서, 저는 언제나 있는 그대로의 제 모습을 드러내왔습니다.

　이 작품에 서명을 남기는 용기가 있기에 당신에게도 이 작

6　1789년에 쓴 「국민의 대표들에게 보내는 편지」를 의미한다. (옮긴이)

품을 보여드리는 것이고, 당신에 대해 점잖은 남성에게 내리는 것과 별반 다르지 않은 평가를 내릴 수도 있을 것 같습니다. 이것은 장자크 루소가 그랬던 것만큼이나 어렵게 내리는 평가입니다. 그가 사람들에게 가졌던 정당한 불신 덕분에 저는 저 스스로를 이 위대한 사상가와 맞먹는 위상에 올릴 수 있었습니다. 정의로운 사람들이나 진정으로 존중할 만한 사람들은 거의 만나보지 못했습니다. 그들을 비난하는 것은 그들이 지닌 가벼운 결함 때문이 아니라 그들의 악덕과 위선, 아무런 양심의 가책 없이 가장 약한 자들에게 행하는 비인간적인 행위 때문입니다. 바라건대 이 혁명이 인간의 의식과 지성을 다시 깨울 수 있기를! 진정한 프랑스적 가치를 되살릴 수 있기를! 두 마디만 덧붙이겠습니다. 간절히 부탁드립니다.

저는 당신이 제게 영예를 돌리는 것을 기쁘게 생각하실 정도로 교육받지 못했습니다. 어쩌면 언젠가 저의 무지가 제 기억에 남아 있는 몇몇 유명세를 훼손할 수도 있을 것입니다. 선생님, 저는 아무것도 모릅니다. 아무것도요. 사람들은 제게 많은 교육을 시켜주지 않았습니다. 오직 자연의 손길에 맡겨진 꾸밈없는 자연의 학생으로서, 오로지 자연만이 저를 일깨워주었고, 그 덕에 당신은 제가 완벽하게 교육을 받은 것으로 믿었을 것입니다. 미국의 역사에 대해서는 무지하지만, 흑인들에 대한 추악한 행태가 저의 영혼을 흔들었고, 저의 분노를 깨웠습니다. 종이에 써내려간 첫 희곡은 몇 세기 동안 잔인하게 군림해온 폭군과 같은 인간들에게 호의적인 것이었습니다. 이 보잘것없는 저작은 지나치게 초기작과 같은 인상을 풍기긴 하지만, 위대한 작가들도 처음부터 잘했던 것은 아닌 만큼 일말의 면죄부를 받을 만한 습작이라고 생각합니다. 선생님, 제가 처음 이 주제를 다룰 때는 '흑인의 친구들'이 생기기 전입니다. 그러므로 당신을 맹목적으로 만드는 성급한 판단은 거두어주시기 바랍니다. 어쩌면 제 희곡이 발표된 이후에 이 협회가 만들어졌을 수도 있고, 이 협회와 고상하게 엮일 만한 탁월한 장점이 제게 있었을 수도 있습니다. 어쩌면 보다 대중적인 모임을 만들어내고 상연을 위해 더 자주 연습을 했을지도 모르지요! 저의 애국심과 민심을 연결하고자 하는 의도는 추호도 없었습니다. 저는 단지 인내심을 가지고 이 희곡에 호의적인 그들의 적절한 반응을 기다리고 있었을 뿐입니다. 제가 4개월 전 이 작품을 국민에게 헌정했으며 수익금은 애국 기금에 기부했다는 사실을 대중들이 알게 되면서 커진 관심을 통해 제가 이 작품으로 변화를 널리 퍼뜨렸다는 등 사방에서 이 작품에 대해 이야기하는 것을 들었을 때 얼마나 기뻤는지 모릅니다. 18개월 전에 출간된 「민중에게 보내는 편지」에서 제가 주장했던 바로 그 기구 말입니다! 자랑은 아니지만, 이만하면 제가 발기인으로서 충분한 권리가 있다고 할 수 있지 않겠습니까? 「민중에게 보내는 편지」는 당시에 훨씬 더 격렬한 반응을 불러일으켰고 비판받았으며, 그 계획은 성공리에 추진되지 못할 것으로 여겨졌습니다. 진정한 프랑스적 가치에 대한 저의 애정과 그 가치를 수호하기 위해 제가 기울인 노력들을 보여주는 사건들을 대중들에게 보여주었던 것처럼 선생님께도 알려드려야 할 것 같습니다.

지극히 흥미롭다는 것을 숨길 수 없는 이 희곡이 열정적인 연기와 어우러져 작품의 상연에 호의적인[7] 날들이 도래하도록 협력했음을 추호도 의심하지 않습니다. 이 작품은 제게 이의를 제기할 수 없는 증거들을 보여주었습니다. 극작가와 희곡 작품, 그리고 대중은 그들의 기쁨을 배가하며 애국 기금의 토대를 확충하는 데 함께 기여했습니다. 모든 시민들이 진실을 알아준다는 전제하에, 현 정부를 구할 수 있는 유일한 수단인

---

7 배우들이 작가에게 관심이 없다면 그 작가의 작품을 화요일, 목요일, 금요일처럼 좋지 않은 날에만 상연하게 하거나, 관객들이 몰려들 가능성이 적은 기존의 작품만을 연기하려 한다는 사실은 누구나 알고 있을 것입니다.

애국 기금 말입니다.

애국심 가득한 이 공연에서 몇몇 관객들이 좌석 가격보다 더 많은 금액을 지불하는 것을 보았습니다. 같은 의도에서 이루어진 행동이긴 하지만, 애국 기금 수익과 극단 재정은 분리되어야 합니다. 배우들이 국가에 제출한 이 확실한 명부는 이 새로운 시민들의 질서와 열의를 잘 드러내줍니다.

제가 선생님께「흑인 노예제」에 대해 해명을 드린 만큼, 오해를 푸시고 이 작품의 열렬한 수호자가 되어주시기를 감히 바라봅니다. 심지어 미국에서 이 작품이 상연된다 해도 흑인들은 그들의 본래 의무로 돌아갈 것입니다. 식민지 개척자들과 프랑스 국민들이 노예제 폐지를 바란다면, 보다 행복한 운명이 도래할 것입니다. 이것이 이 작품을 통해서 제가 제안하고 싶었던 바입니다. 저는 상황이 변한다고 불화를 조장하거나 폭동의 신호를 보내지 않습니다. 오히려 저는 사태를 완화하고자 합니다. 제 말이 의심되신다면, 부디 2년 전에 출간된「행복한 난파」[8]를 읽어주시기를 바랍니다. 프랑스가 필요로하는 귀한 인물에 대한 은유는 미국에게도 전혀 해가 되지 않을 것입니다. 제게 미국에 갈 수 있는 영광이 주어진다면, 당신

8 「자모르와 미르자 또는 행복한 난파」. 1784년 발표됐으나 1788년에 출간됐다.(옮긴이)

께서 이 작품의 상연을 허하신 것으로 알겠습니다. 선생님, 관례에 따라 우리가 나눈 가벼운 문학적 논쟁에도 불구하고 당신이 저를 믿어주시리라는 아름다운 희망 속에서 글을 마칩니다. 당신의 충직한 종 드림.

1790년 1월 18일

3부

자코뱅에 대한 증오 속에서
조국을 지키고자

한 양서 동물이
막시밀리앵 드 로베스피에르에게
내리는 진단

'폴림Polyme'[1]이라는 필명을 사용한 이 소책자에서 올랭프 드 구주는 로베스피에르에게 왕을 암살하려 하고 지롱드 당원들을 체포하려 했다는 루머에 대해 경고하고 있다.

　나는 그 무엇과도 비길 데 없는 동물이다. 나는 남성도 여성도 아니다. 한쪽의 용기를 지니고 있지만 때때로 다른 쪽의 연약함도 있다. 이웃에의 사랑도 지니고 있지만 나만의 증오도 있다. 나는 자존심이 강하고 솔직하며 공정하고 예민하다.

1　'여러 개의'라는 뜻의 고대 그리스어 poly와 '이름'이라는 뜻의 nyme를 결합한 것.(옮긴이)

내 이야기에서 평등의 모든 덕목을 발견할 수 있을 것이다. 내 외모는 자유의 모양새를 띠고 있고, 내 이름은 경이로움으로 가득하다.

꾸며지지도 않고 완성되지도 않은 나의 초상을 보면 내 이야기를 믿을 수밖에 없을 것이다. 로베스피에르여, 귀를 기울이라. 나는 당신에게 이야기를 하고 있다. 당신에 대한 판결을 살펴보고 진실을 인정하라.

당신은 스스로가 혁명의 유일한 창조자라고 자칭한다. 그러나 당신은 과거에도, 현재에도 그리고 앞으로도 영원히 타락과 증오의 이름일 뿐이다. 이 부분에 대해 자세히 설명하는 데 내 노력을 쏟고 싶지는 않다. 몇 마디 말로 당신의 특징을 정리해보겠다. 당신의 입김은 맑은 공기를 오염하고, 당신의 흔들리는 눈꺼풀은 파렴치한 영혼을 드러낸다. 당신의 머리카락 한 올 한 올은 범죄의 기운을 품고 있다.

당신은 우리에게 당신의 덕성에 관해 이야기한다. 당신이 감히 오염된 입으로 이 성스러운 단어를 내뱉을 때 모든 미덕의 창조자는 공격을 퍼붓지 않았다! 당신이 추종하는 끔찍한 무신론이 어떤 유의 것이든, 보이지 않는 신의 손길이 죄인의 머리 위에 벼락을 내릴 때 비로소 그것에 대해 깨닫게 될 것이다.

로베스피에르여, 프랑스 상원 의회가 수많은 고발 내역에 대해 답할 것을 촉구할 때 도대체 왜 머뭇거렸는지 대답해보라.

결백은 중상모략을 넘어뜨릴 수 있는 기회를 기다리고만 있지 않는다. 하지만 기만은 언제나 술책을 찾아 헤맨다. 당신은 오늘의 변론을 위해 지난 일주일 동안 연설을 준비했을 것이다. 내가 앞서가는 건지도 모르겠지만, 새로운 변화를 위한 당신의 노력을 기대했었다. 무능하기 짝이 없는 노력 말이다. 공화국이 된 프랑스의 국민들은 더 이상 암살자의 국민이 될 수 없다. 당신은 피비린내 나는 봉기가 해결책이 되기를 바랐을 것이다. 파리가 이렇게 동요하고 있는데, 스스로를 정당화하기 위해 법정에서 뭐라고 이야기할 것인가?

나를 믿으라, 로베스피에르여. 위대한 날은 지나갔고, 당신을 위한 것은 남아 있지 않다. 당신의 훌륭한 동료 마라를 따라 그와 함께 더러운 은신처로 돌아가라. 신과 인간들은 당신들 둘 모두를 쓰러뜨리기로 동의하였다. 무엇을 원하는가? 어떻게 할 작정인가? 누구에게 복수하고 싶은가? 누구에게 전쟁을 선포하고 싶은가? 민중의 피에 여전히 목마른가? 아직 민중의 피는 흐르지 않았다. 공화국의 법이 독재자의 법보다 훨씬 더 엄격하다는 것을 잘 알고 있을 것이다. 동등한 권한을 원하는 것은 동일한 범죄를 저지르는 것과 다를 게 없다.

뻔뻔스럽게도 법률을 어기는 자는 누구든지 죽음으로 그 벌을 받을 것이다. 공화국 정부의 저력을 잘 알고 있었기에 당신은 이 정부를 뒤엎기 위해 예전부터 국민들을 선동해왔다. 여태껏 알려지지 않았던 범죄들을 결합하여 국가를 욕보이려 했다. 루이 16세가 합법적으로 단죄받는 것을 막기 위해 그를 암살하려 했으며, 페티옹, 롤랑, 베르뇨, 콩도르세, 루베, 브리소, 라수르스, 과데, 장소네, 에로세셀, 한마디로 공화국과 애국심의 등불과도 같은 모든 이름들을 없애려 했다![2] 시신 더미로 향하는 길을 개척하여 살육과 도살의 사다리를 끝까지 오르고자 했다! 이 야만적이고 비열한 음모자여! 당신의 왕홀은 고문으로 피어난 백합꽃[3]이며 당신의 왕좌는 단두대가 될 것이다. 당신의 간청은 역적 죄인의 읍소와도 같을 것이다. 이제라도 늦지 않았으니 회개하라.

당신에게 내 이름을 숨기려 했지만, 이제 무기를 손에 들고 나에 대해 알려주려 한다.

---

2 프랑스혁명기의 정치인들로, 모두 온건 공화파 계열의 지롱드 당파에 속한 이들이다. 자살하거나 로베스피에르에 의해 처형당하거나 망명을 떠나는 등 비극적인 최후를 맞았다.(옮긴이)

3 프랑스 왕실을 상징한다.(옮긴이)

시민 정신의 장갑을 던져주겠다.[4] 감히 이것을 손에 쥘 수 있 겠는가?

이 벽보를 따라 날짜와 시간에 맞추어 결투 장소로 오라. 나 도 갈 것이다!

내가 이렇게 펜을 들어서라도 지키고 싶은 파리 시민들이여, 공화주의자의 영혼과 나무랄 데 없는 심장을 가진 이가 다급 하게 써내려간 이 벽보에 주의를 기울여달라.

프랑스공화국은 당신들에게 많은 빚을 졌다. 당신들의 작품 을 지키고, 사악한 선동에게 내어주었던 시간들을 되찾아오 자. 이 타락한 인간들의 괴상한 가면은 이제야 벗겨졌다. 그들 은 당신들이 새롭게 굴복할 쇠사슬을 준비하고 있다.

당신들은 자유 상태에서 벗어나 폭군의 굴레로 들어가고 있 다. 공화국의 모든 지방이 당신들과 함께 모든 동맹을 깰 것이 다. 더 이상 파리는 비정한 살육제의 무대를 제공하지 않을 것 이다. 사방에서 파리 시민들을 짐승들의 마수에서 구해낼 것 이다.

모든 도시의 여왕 파리는 이제 여행객들에게 재로 변한 피라

---

4 상대에게 결투 의사를 나타내는 행위로, 땅에 떨어진 장갑을 주워 들면 결투를 받아들인다는 뜻.(옮긴이)

미드와 폐허밖에는 보여줄 것이 없다! 만약 당신들의 손이 무고한 피로 물들게 된다면 말이다. 만약 당신들이 국민주권과 법률의 도구들이 지닌 진가를 인정하지 않는다면 말이다. 만약 당신들이 공화주의의 미덕에 걸맞게 행동하지 않는다면 말이다. 마라와 로베스피에르는 당신들을 연속되는 살육으로 이끌 것이며 당신들은 이 선동의 역병으로 인해 죽게 될 것이다. 우리의 빛나는 승리의 군대는 파괴될 것이고 암살의 민중도 파멸하게 될 것이다. 불행한 민중들에게 더 많은 휴식과 희망을! 결국 이렇게 한 번 더 공화국을 욕보일 셈인가! 내가 위대한 민족의 수준을 높이기 위해 당신들에게 더 많은 이야기를 할수록, 대대손손 군림해왔던 이들은 죽어 마땅해질 것이다. 그렇지만 법에 입각하여 당신들이 자비를 베푼다면 그만한 자랑거리도 없을 것이다. 영국인들은 그들의 왕을 단두대로 올려 보냈다. 하지만 그들은 공화주의자가 아니었다.[5] 이 호칭은 노예들은 절대 갖추지 못할 미덕을 행하는 자들에게 어울릴 만한 것이다. 노예제는 당신들에게 자유의 길을 보여주었다. 자유는 당신들에게 모든 공화주의적인 미덕의 길을 열어 보이겠

---

5 1649년 찰스 1세의 폐위와 처형을 주도한 올리버 크롬웰은 잉글랜드 공화국을 세웠으나 의회를 해산하고 군부 독재를 행했다.(옮긴이)

지만 선을 행하기 위해서는 성가신 법도 따라야 하는 것을 잊지 않아야 한다. 만약 당신들이 법의 엄정함에 대해 의심을 품는다면, 그것은 곧 옛 폭군이 갇힌 감옥의 문을 열어주는 것이며, 로베스피에르에게 왕좌를 내어주는 것과 마찬가지다.

공화국의 민중들이여, 이제 나에 대해 좀 더 잘 알게 되었을 것이다. 나는 길 잃은 애국심의 방황을 벌하려는 것이다. 공공의 안전을 위해 감시를 해야 하지만 우리 중 그 누구도 국가에 대한 애정보다 복수의 광기를 드러내는 길을 택해서는 안 될 것이다. 로베스피에르와 마라는 분명 치욕으로 뒤덮여 있지만 그들의 머리는 신성불가침이 되었다. 그들은 진정한 죄인이지만, 몇 개 되지 않는 법 조항에 의해서만 처분을 받을 것이다. 국민 헌법은 반드시 모든 연민을 거두고 공화주의적 공정함의 본보기를 보여야 할 것이다. 무분별한 선동가들의 죽음을 야기한 모든 이들, 자신의 원한을 갚기 위해 시민 투쟁의 횃불을 들고 자신의 세를 불리는 이들, 암살자들인 동지들에게 반하는 모든 이들을 단 한마디의 말로 벌해야 할 것이다.

오, 나의 시민들이여! 이 역병을 몰아내자. 다시 한번 외친다. 선택의 시간이 왔다. 이미 판도라의 상자는 열렸다.

1792년 11월 5일

유언을 대신하는 글

국민공회[1]에 보내는 이 소책자에서 올랭프 드 구주는 적들에 의해 결정될 자신의 신세를 걱정하며 혁명 초기부터 고수해온 입장을 정당화한다.

오, 성스러운 신이시여! 당신은 언제나 제 행동을 이끌어주셨습니다. 당신밖에 달리 간청할 곳이 없습니다. 사람들은 더 이상 제 이야기를 듣지 않습니다. 저의 남은 날들을 마음대로 처분하시고 저의 종말을 앞당겨주십시오. 저들의 대립과 사악

---

1 1792년 프랑스 혁명 전쟁이 시작되면서 입법의회가 해산되고, 보통선거를 통해 국민공회가 소집됐다. 소집된 국민공회가 1792년 9월 21일 공화정을 선포, 프랑스 제1공화국이 수립된다. 입헌군주제를 주장하던 푀양파와 전쟁을 시작한 지롱드파는 몰락하기 시작했다.(옮긴이)

한 술책이 빚어내는 고통스러운 연극에 지친 저의 두 눈은 더이상 이 공포를 견딜 수 없습니다. 만약 제가 모든 당파의 반혁명주의자들의 검에 의해 죽어야 한다면, 저의 마지막 순간들에 숨을 불어넣어주시고, 가능하다면 저의 최후의 순간이 오기 전에 한 번 더 비열한 자들을 좌절시키고 조국에 봉사할 만한 용기와 힘을 주십시오!

당신은 오래전부터 혁명을 준비하시고 독재자들을 후려치셨습니다! 당신의 꼼꼼한 눈길은 암흑 상태의 의식도 꿰뚫으셨습니다. 범죄는 절정에 달했습니다. 이 기나긴 두려움의 신비를 풀어주십시오. 매를 내려주십시오, 지금이 그때입니다. 혹 끔찍한 복수를 행하시려거든, 순진무구한 희생자들의 흠 잡을 데 없는 순수한 피가 필요할 것입니다. 이 위대한 탐색에 여성에 대한 탐구도 함께 해주십시오. 제가 오래전부터 영광스러운 죽음을 추구해왔다는 것을 잘 알고 계실 것입니다! 민중의 이익을 위해 봉사하고, 자유의 승리를 위해 희생하고, 제 아들이 조국의 진정한 수호자를 자처한 것에 저는 만족합니다. 저는 가장 어두운 은신처, 철학자의 덕성에 대한 품위 있고 따스한 보상이라고 할 수 있는 초가집만을 찾아다녔습니다!

사람들에게 가장 온화한 정신과 더불어 유일하게 조국을

구할 수 있는 감동적인 형제애를 일깨우려던 저의 쓸모없는 노력들이 담긴 작품들을 봅니다. 전선에서 조국을 위해 흘린 아들의 피를 침묵 속에서 한탄합니다. 오, 신이시여! 당신만이 하실 수 있는 선을 행하는 기적이 제게 일어난 것도 슬플 뿐입니다. 우리가 믿고 의지하는 프랑스 군인이었던 제 아들은 시신 더미와 적들의 말 아래에서 겨우 몸을 빼내 열렬한 애국심을 위해 희생했고, 죽어가는 이들과 함께 병원으로 옮겨져 바로 생존자 명부에서 지워졌습니다. 적에게 모든 군장을 빼앗긴 아들은 새로운 일거리와 어미를 찾아 파리로 달려왔습니다. 신께서는 파리를 피해 조용히 은둔해 살 만한 시골 마을을 찾고 있던 제게 아들을 돌려보내주셨고, 저는 그 아이가 파리에 있다는 것을 알게 되었습니다. 제가 이해하려고 애써도 소용이 없는 어떤 운명이 저로 하여금 다시 수도의 성문으로 향하게 하였습니다. 저의 오랜 고난과 인내에 걸맞은 결말이 기다리고 있는 곳으로 말이지요.

아들이 다시 파리를 떠났다는 것을 알게 되었습니다. 군인으로서의 재능을 지녔으나 유년 시절에 그 재능을 거부할 수 있었을 것이라 말하는 국민공회의 **산악파** 의원들에게 새로운 확신을 가져야 한다는 것도 깨닫게 되었습니다. 산악파 쪽으로 기울어진 중도주의를 지나 지롱드 당의 원칙으로 기울어서 야 그들과 어미인 저 사이의 간극이 제 아들에게 영향을 끼치 지 않음을 알게 되었습니다.[2] 저의 공공 정의를 위한 행동은 그 들의 미덕에 빚을 졌습니다. 저는 많은 감사의 말을 전했고, 이 글도 그들에게 표현한 저의 감사의 뜻입니다.

아들아, 온 세상의 행운, 내 발아래 놓인 우주, 내 머리로 향 한 모든 암살자의 단검, 그 무엇도 내 영혼 속에 불타고 있는 애국심을 꺼뜨리지 못한다. 그 무엇도 나로 하여금 나의 양심 을 배반하게 할 수 없다. 미친 듯한 열정에 사로잡혀 길을 잃은 이들이여, 도대체 무슨 일을 저지른 것인가? 파리 전체에, 아 니 프랑스 전역에 얼마나 많은 죄악들을 쌓아 올린 것인가? 그 대들은 위험을 무릅쓰고 모든 이에게 모든 것을 돌려준다고 했다. 국가를 구하기 위해서는 대규모 추방밖에는 방법이 없 다고 우리를 속였다. 폭압에 침투당한 지역에는 무차별적으 로 끔찍한 조치가 가해질 것이라고 겁을 주었다. 만약 그대들

---

2 지롱드 당은 프랑스혁명기의 여러 정치 세력 중 하나로, 지롱드 지방 출신의 부르 주아 계급이 다수를 차지했던 자코뱅 클럽 소속 의원들이 중심이었던 것에서 그 이 름이 유래한다. 1791년 입법부의 탄생과 함께 같은 뿌리를 가진 산악파(프랑스어로는 몽타뉴파)와 더불어 민주파의 세력을 형성했으나, 국민공회가 수립된 이후 혁명의 종 결을 목표로 하는 지롱드파와 급진적인 혁명을 추구하려는 산악파 사이의 갈등이 고 조됐다.(옮긴이)

이 조금도 틀리지 않았다면, 만약 서른두 명이 희생하여 이 증오와 흥분을 가라앉힐 수 있다면, 외부의 힘에 의해 독립된 공화국을 선포하고 반혁명주의자들의 군대를 무찌를 수 있다면, 그대들은 단두대 위에서 흐르는 그들의 피를 보기 위해 서두를 것이다.[3] 여기 희생자 한 명을 더해주겠다. 첫 번째 죄인을 찾는가? 그게 나다. 어서 쳐라. 나는 루이 카페에게 호의적인 지지를 보냈다.[4] 진정한 공화주의자로서 쫓겨난 폭군에게 승자의 관용을 전파한 이가 바로 나다. 민중들의 요구에 답할 방안을 생각해낸 이가 바로 나다. 마침내 위대한 방법으로 모든 왕홀을 꺾고, 민중들을 다시 태어나게 하고, 이러한 명목하에 우리 시대에 흘러넘치던 피의 강을 말린 자가 바로 나다. 프랑스인들이여, 이게 내 죄다. 사형 집행인들 사이에서 속죄를 해야 할 시간이로구나.

그러나 마지막으로 한 번 더 노력을 기울여 국가를 구할 수

3 지롱드파의 실정으로 인해 의회의 주도권은 산악파 쪽으로 기울기 시작했다. 지롱드파는 다양한 방식으로 산악파를 배제하려고 했지만, 로베스피에르의 주도로 1793년 6월 지롱드파의 주요 멤버가 체포됐다.(옮긴이)
4 '카페'는 부르봉왕조의 본가인 카페왕조의 시조 위그 카페의 후손들의 본래 성이다. 루이 16세는 제1공화국 출범 이후 1792년 11월 '시민 루이 카페'의 신분으로 재판을 받고 반역죄를 선고받아 1793년 1월 21일에 단두대에서 처형됐다. 올랭프 드 구주는 1792년 12월 「루이 카페의 공식 변호인 올랭프 드 구주」를 발표했다.(옮긴이)

있다면, 그대들의 분노를 달래기 위해 제물로 바쳐진 나의 천명을 제사장들이 거절하기를 바란다. 후세의 프랑스인들은 나의 명성을 로마 여인들의 평판에 필적할 만한 것으로 여기게될 것이다. 나는 모든 것을 예측할 수 있다. 죽음을 피할 수 없으리라는 것을 알고 있다. 치욕스러운 죽음이 모든 선량한 시민을 위협할 때 쇠퇴 일로로 치닫는 조국을 위해서 죽는다는 것은 얼마나 영광스러운가. 각성한 정신을 위해서도 얼마나 아름다운 일인가! 직접적으로 누군가를 고발하지는 않겠다. 하지만 피를 부르는 자들이여, 만약 모든 지방이 파리에 반대하여 항의한다면, 자신들이 대리인 자격을 부여했던 그대들로부터 성스러운 예탁물을 지키기 위해 무장한다면 그대들은 어떻게 할 것인가? 무엇을 할 것인가? 그대들은 이성을 잃은 채 대리인들을 제물로 바치고 그대들의 원한을 갚아줄 민중을 자극할 것이다. 하지만 길을 잃은 이 민중에게 가해진 범행이 끝나고 나면 그대들은 여론이라는 탈출구로 도망갈 수 있을까? 그대들이 사악한 기대를 쌓아 올려 만든 그 여론 말이다. 아니다. 우리가 최후의 심판 장면에 그려 넣은 절대자 같은 민중은 정의를 위해서는 지극히 엄정하다. 그들은 그동안 그대들이 흘리게 한 만큼의 피와, 그대들의 분노가 사슬로 묶어둔 위기

상황에 대한 정산을 요구할 것이다.

아! 방황하는 자들이여(정신 나간 자들에게밖에 호소할 수 없으므로), 아직 기회가 남아 있다. 그대들의 증오와 복수심에 제동을 걸어라! 외세에 팔아넘긴 비열한 영혼, 손에 총과 횃불을 들고 공화주의를 전파하는 정신은 우리를 가장 끔찍한 수준의 노예 상태로 이끌 것이 분명하다. 중죄를 저지른 자들은 언젠가 그에 걸맞은 형벌을 받을 것이다. 방황하는 시민들이여, 그대들에게 고하노니 눈을 떠서 머지않아 폐허로 변하게 될 그대들의 불행한 조국을 바라보라. 이 도시에 흘러넘치는 파멸의 격류를 멈추게 하라. 그리고 국민의 대표자들이여, 그대들은 파리의 공익을 구하려 했지만 같은 방식으로 프랑스 전역을 구하지는 못하였다. 그대들은 개인적인 적개심만으로 서른두 명의 고귀한 동지들을 희생시켰으며 이들은 피고인들에 대한 단 하나의 진실도 언급하지 못한 채 당신들을 기소할 것이다. 그들의 무고함을 알면서도 가장 편파적인 범죄가 그대들로 하여금 양심에 반하는 끔찍한 체포 명령을 내리도록 한다면, 과연 그대들에게는 무엇이 남아 있을까? 로마인들의 용기와 덕성을 넘어서야 하지 않겠는가? 그대들의 가슴에 희생자들을 되새기고, 그대들의 머리는 민중에게로 향하게 하

라. 국민주권으로 무장한 그대들에게는 그 어떤 공격도 가해질 수 없다. 세상에 알려지지 않은 중죄 중 하나로 인해 격분한 사람들이 그대들을 지키기 위해 무장했던 선량한 시민들의 시신을 넘어 전진해 온다면, 정당한 후회와 후대의 탄복에 걸맞은 죽음을 택하라.

가장 암울한 중죄의 희생양이기도 한 그대들, 타르퀴니우스[5]를 내쫓은 후 로마에 찾아온 자유를 누릴 만한 그대들은 다시금 단호함을 되찾아 법을 따르라. 브루투스와 카토 옆에 서 있지 말라는 말이다.

후손들은 위협과 공포의 한가운데에서도 공화주의적 영웅심을 지키고자 앞다투어 법정으로 달려가 민중에게 목숨을 내어주고 국가를 위해 희생한 그대들의 이름이 새겨진 역사에 시선을 고정한 채 탄복의 눈물을 쏟을 것이다.

나 역시 용기를 정화하고 암살자들을 겁에 질리게 한 이 영웅주의에 얼마나 빠져 있었는지! 그렇다. 모두들 나의 시민 의식 역시 그대들을 기다리고 있는 그 죽음을 통해서만 보상받

---

5 로마의 제7대 황제인 타르퀴니우스 수페르부스('거만한 타르퀴니우스'라는 뜻). 제5대 황제인 타르퀴니우스 프리스쿠스의 아들로 성격이 강한 야심가였다. 민회에서 선출되지도 않고 원로원에서 승인받지도 않은 채 왕위에 올랐다가 기원전 509년 로마에서 추방당하여 에트루리아로 망명했다. 그 후 로마에서는 공화정 시대가 시작됐다.(옮긴이)

을 수 있을 것이라고 예언했다. 그대들을 옹호하고 그대들처럼 진정한 공화주의자로 죽을 수 있다니 이 얼마나 자랑스러운 일인가!

프랑스는 파리 시민 대다수가 고통받으면서도 그 누구도 스스로를 지키려 나서지 않는다는 것에 대해 비난할 것이다. 그대들은 내가 고결하다고 생각했던 모든 이들에게 바쳤던 신뢰와 용기의 증거들을 곧 보게 될 것이다.

하지만 나는 동지들에게 나에 대해 알릴 수 있어 죽음을 앞두고도 충분히 행복하기 때문에 나의 자산과 그 운용에 대한 정확한 설명을 좀 남기려 한다. 뻔뻔스럽게 공화국의 자산을 탕진한 음모꾼들도 그들의 자산과 채무에 대해 나처럼 자세한 내역을 제시해야 할 것이다. 그래야 민중이 누가 자신의 진정한 동지이며 누가 적인지 확실히 구분할 수 있다.

1788년에 나는 5만 리브르를 투자한 유명 저택과 3만 리브르 상당의 가구를 포함한 부동산을 가지고 있었고, 그 외에도 1만 5천 혹은 1만 6천 리브르의 현금을 추가로 보유하고 있었다. 공증인 모메 씨에게 나의 상환 계약 내역에 대해 확인해보면 알겠지만, 나는 민중의 이익을 위해 정확히 4만 리브르를 지출했다. 혹한기에 했던 기부, 모든 선행을 확산시켰던 나의 저작들, 노동자들을 위한 공공 작업실에 대한 나의 계획, 자발적으로 납부했던 세금, 애국적인 기부들, 연금 장부와 민법 장부에 적힌 나의 희한한 이름, 나의 공정함, 나의 무관심, 무엇보다도 그 어떤 공증인이 기록한 것보다 더 정확하게 증거를 남긴 1788년 이후의 조서와 공문서들은 내가 명예나 보상을 바란 것이 아니며 나의 행동은 순수하고 빛나는 것이었음을 동지들에게 알려줄 것이다. 자신들이 **지롱드 당원**이라고 부르는 이들과 내통했다고 모사꾼들이 나를 고발한다 해도 아무 소용 없을 것이다. 그들은 내가 훌륭한 원칙에 대해 합의할 때를 제외하고는 그 누구와도 공적·사적인 관계를 맺지 않는다는 것을 너무도 잘 알고 있다. 이것이 진실이다. 만약 신께서 양심이 있으시다면—물론 나는 그럴 것이라고 믿고 있는데—사람들이 경배해야 하는 것은 오직 이 신뿐이리니, 언젠가는 이 진실이 모든 위선을 이길 것이라고 믿는다. 내가 이러한 기쁨을 누리지 못한다 하더라도 내 동지들이 내게 이 정의를 돌려줄 것이다. 내 머릿속에는 무시무시한 음모 속에 가두어놓고 싶었던 이들이 꾸며낸, 승리한 독재자들의 모략들만이 맴돌고 있다. 이 독재자들 중에 가장 먼저 단두대에서 사라질 이들이 우리 공화주의자들의 노력을 이겼다. 그들은 재능이 있고 무던하며 줏대가 세다. 자, 이것이 그들의 죄다! 증명할 수만 있다면 가장 먼저 나서서 그들의 재판을 주재할 것이다. 세상에! 내가 들은 바를 내 눈으로 확인했지만 도저히 이해할 수가 없다. 그렇다. 저 가증스러운 뒤무리에[6]와 같은 부류의 인간들이 나의 공화주의와 싸우려 한다는 것을 전해 들었다. 그들은 내게 공화주의는 프랑스에서 버틸 수 없으며, 혼란스러운 프랑스에는 왕, 보호자, 한마디로 지배자가 있어야 한다고 말한다. 공화국의 분별 있는 이들을 선동하는 데 여념이 없는 자들도 마찬가지다!

믿지 않는 것들을 그토록 열렬하게 전파할 수 있을까? 어떻게 하면 그토록 대담하게 민중을 기만하고 자신들이 저지른 범죄의 책임을 다른 사람에게 전가할 수 있을까? 만약 이런 이들이 지배하게 된다면, 자유와 평등은 이제 끝났다. 우리가 대립하는 사이에 독재는 거인의 발걸음으로 다가온다. 시민들이여! 당신들은 내게 죽음을 선고할 수도 있다. 하지만 나의 예언과 나의 애국심을 잊지 마시라. 내가 남길 유산에 대해 읊어야

---

6   샤를프랑수아 뒤 페리에 뒤무리에(1739~1823). 프랑스 혁명 전쟁 때의 프랑스 장군으로, 루이 15세 휘하 정보기관의 비밀 요원이었으나 프랑스혁명이 일어나자 새로운 경력을 쌓을 호기로 생각하고 자코뱅 당에 가입했다. 1792년 네르빈덴 전투에서 패배하자 공화국에 대항하여 반란을 일으키려다 실패하여 오스트리아로 도망쳤다. 이후 나폴레옹 통치기에는 왕당파로 전향했다.(옮긴이)

겠다. 사회에 대해 전혀 무관심하지 않았고 나와 관계된 모든 것들을 유머 있게 받아들이려 했던 나의 유산들 말이다.

　나의 조국에는 나의 심장을, 남성들에게는 (그들에게 꼭 필요한) 나의 정직함을 남긴다. 나의 영혼은 여성들에게 남긴다. 그녀들에게 별것 아닌 것을 선물할 수는 없으니 말이다. 나의 창조적인 재능은 극작가들에게 넘겨주려 한다. 그들에게 아주 유용할 것이다. 특히 나의 연극적인 논리는 유명한 셰니에[7]에게 물려주는 바이다. 야망에 대한 나의 무관심과 철학은 박해받은 이들에게, 나의 지성은 광신도들에게, 나의 신심은 무신론자들에게, 나의 거칠 것 없는 유머는 나이 든 여성들에게 넘긴다. 얼마 남지 않은 나머지 유산은 나의 법정상속인인 아들이 나보다 오래 살게 될 경우 아들에게 돌아갈 것이다.

　백여 장의 원고 상태로 되어 있는 나의 희곡 작품들은 코메디프랑세즈에 넘기려 한다. 내가 죽은 뒤에 나의 작품들이 경이롭고 숭고한 예술을 추구하는 코메디프랑세즈의 무대에 오를 만하다고 판단한다면, 이는 내가 코메디프랑세즈의 모방

7　앙드레 셰니에(1762~1794). 프랑스혁명기에 활동한 시인으로, 낭만주의 문학 운동의 선구자로 평가받는다. 「프랑스에 바치는 축가」, 「테니스 코트에서」 등 애국적인 시를 여러 편 남겼다. 로베스피에르의 실각 사흘 전에 반역죄를 선고받고 단두대에서 처형됐다.(옮긴이)

불가한 재능에 정당성을 부여했다는 것을 스스로 증명하는 것이다.

죽기 전에 이토록 흥미로운 삶에 대해 요약한 기록을 남기고 싶다. 나의 탄생에서부터 시작하는 나의 기이한 운명에 대해서 말이다. 하지만 만약 내게 주어진 운명이 다급하고 명예로운 종말을 앞당기려 한다면, 위대한 선조의 이름과 자산에 대한 권리를 가지고 있는 각성한 이들이, 여전히 그런 이들이 남아 있다면, 자신들이 광신의 희생양이었다는 것을 스스로 깨닫기를 바란다.

프랑스 국민들이여, 이게 나의 마지막 발언이다. 이 글에 쓰인 내 발언을 귀담아들어주기 바란다. 마음 깊은 곳에서 되새겨주기를. 공화주의자들의 사심 없는 엄격한 덕성을 찾아낼 수 있겠는가? 답해보라. 그대들과 나, 둘 중에 누가 더 조국을 아끼고 섬기는가? 그대들 대부분은 잘못된 신념에 사로잡혀 있다. 그대들은 자유를 원하지도, 완벽한 평등을 바라지도 않는다. 야망이 그대들을 삼켜버렸다. 이 탐욕스러운 독수리는 그대들을 갉아먹고 자비 없이 갈가리 찢어버리고 극도의 광신 상태에 이르게 했다. 이젠 너무 나이가 들어버린 친애하는 민중이여, 심연의 가장자리에서 걸음을 멈추지 않는다면 그대들의 통치는 끝나버릴 것이다. 선동가들이 불러일으킨 피바람 속에서도 그대들이 지켜냈던 장엄한 평안 속에서만 위대하고 숭고한 존재가 될 수 있다. 그들이 그대들에게도 똑같은 덫을 칠 수 있음을 기억하라. 침착함을 유지하고 엄숙하게 감시해야만 그대들은 파리를, 프랑스 전체를, 공화국 정부를 구할 수 있다.

당통, 이 글을 통해 다급하게 주장한 원칙들을 지켜줄 만한 이로 나는 당신을 꼽는다. 우리는 의견을 개진하는 방식에서 차이를 보여왔지만, 나는 공정함에서 당신이 응당 받아 마땅한 인정을 표한다. 당신도 나에게 그럴 것이라고 믿어 의심치 않는다. 당신의 바른 식견과 빼어난 인성에 요청하노니, 나에 대한 판결을 내려달라. 나는 내 유언장을 게시하지 않을 것이다. 나는 파리와 지방의 민중을 선동하지 않을 것이다. 파리 시를 관할하는 지역의 자코뱅 당원들에게 직접 단호하게 물을 것이다. 악인들의 노력에도 불구하고, 선량하고 바른 대다수의 시민들이 국가를 구할 것이다.

1793년 6월 4일

혁명재판소에 보내는 청원

이 글은 혁명재판소에 출두하기 전에 몇 주 동안 투옥되어 있던 올랭프 드 구주가 남긴 마지막 청원문이다.

    앞에만 서면 죄인들은 물론이요, 무고한 이들도 떨게 만드는 두려운 재판관님, 제가 유죄라 해도, 진실에 귀 기울여주십시오.
    무지와 잘못된 신념이 결국 저를 당신 앞에 서게 했습니다. 이런 물의를 일으키고 싶지는 않았는데 말이지요. 암흑 속에서 민중의 이익을 위해 노력해온 것에 만족합니다. 후손들이 조국에 어울리는 자들에게만 정당하게 씌워줄 기품 있는 왕관을 겸허하지만 자랑스럽게 기다리고 있습니다. 이 빛나는 왕관을 얻기 위해 가장 암울한 박해와 싸워야 했습니다. 중상모략과 질시, 배은망덕과도 싸워 승리를 쟁취해야 했습니다. 순수하고 침착한 양심, 이것이 제 변호인입니다.

이 못된 밀고자들아, 두려워하라. 너희들의 시대는 폭군들 때처럼 지나가버릴 것이다. 살육과 혼란의 사제들아, 나는 오래전부터 인류의 이름으로 너희들을 규탄해왔다. 너희들이 나를 용서할 수는 없었겠지.

구체제의 편견에 사로잡힌 늙은 노예들, 궁정에 고용된 시종들, 나흘 차 공화주의자들아, 훌륭한 인격과 진정한 공화주의자의 영혼을 갖추고 태어난 여인을 고발하는 것이 딱 너희들답다. 너희들은 자연이 건네준 소중한 재능 같은 나의 장점들과 사생활, 애국주의적 저작들에서 무의미한 것들을 찾아내고자 했다. 너희들이 프랑스 국민에게 남긴 얼룩은 너희들이 법에 의해 단두대에 올라가 흘릴 피로써만 씻을 수 있다. 서둘러 나를 감방에 가두면서, 너희들의 공모에 해가 될 만한 감시자를 처치했다고 생각했을 것이다. 떨고 있으라, 새로운 폭군들이여! 내가 관에 들어가도 내 목소리를 들을 수 있을 것이다. 나의 대담함이 너희들을 최악의 상황으로 몰아갈 것이다. 용기와 정직함을 무기로 너희들이 조국의 진정한 지지자들에게 행한 폭정을 갚아줄 것이다.

제게 판결을 내리실 재판관님들이시여, 당신들도 저에 대해 잘 아셔야 할 것입니다! 저는 격정의 대립 한가운데에서 프랑스를 분열시켰던 당파와 그들의 체제와는 거리가 먼, 중상모략을 혐오하는 사람입니다. 저는 새로운 길을 내고자 했고, 저의 눈으로만 세상을 바라보았습니다. 저의 영혼의 명만을 따라 조국을 섬기고자 했고, 어리석은 이들에게 맞서왔습니다. 악인들에게는 저항하였고 저의 모든 재산을 혁명을 위해 바쳤습니다.

도대체 무엇이 사람들로 하여금 저를 범죄 사건에 연루시키게 했을까요? 바로 증오와 위선입니다.

저는 항상 로베스피에르를 재능과 정신이 결여된 야심가로 여겨왔습니다. 독재정치를 펼칠 수 있다면 언제고 나라 전체를 희생시킬 준비가 되어 있는 자라고 생각했습니다. 저는 이 광기 어린 피의 야심을 견딜 수 없었고, 제가 폭군이라 생각한 이들을 여기는 것처럼 그를 대했습니다. 오랫동안 감춰져온 이 비열한 적의 증오는 그와 그의 동료들이 탐욕스럽게 권력을 차지하자마자 저를 희생시킴으로써 복수를 행하고 있습니다.

프랑스 국민들은 제가 조국을 위해 해왔던 유용하고 위대한 일들을 잊지 않았습니다. 저는 오래전부터 우리 조국을 위협하는 절박한 위험을 보고 새로운 노력을 통해 조국을 섬기고자 했습니다. 벽장 속에서 은밀하게 써내려간 '세 개의 투표함'에 대한 계획[1]이야말로 조국을 구할 유일한 방법이라고 생각했습니다. 그리고 이 계획이 제 구금의 구실이 되었지요.

공화국의 법률은 그 어떤 권력도 시민들에게 불법적인 권위를 행사하지 못하게 합니다. 자유로운 민중 한가운데 있던 저의 자유는 독단적인 법적 행위에 의해 빼앗기고 말았습니다. 구체제 시기의 취조관들조차 인간의 정신적 산물에 대한 자신들의 행위를 부끄러워했을 법한데 말입니다.

헌법 7조에도 나와 있듯이, 견해와 언론의 자유는 인간이 가진 가장 소중한 자산이 아닌지요?

이러한 권리와 자산, 헌법 자체도 이제 헛된 의미만 나타내는 모호한 문장들에 지나지 않게 되었다니요? 아아! 저는 이렇게 슬픈 일을 겪고 있습니다. 공화주의자들이여, 제 말을 끝까지 주의 깊게 들어주십시오.

---

1 1793년 7월에 발표한 「세 개의 투표함 또는 조국의 안녕」. 올랭프 드 구주는 진정으로 국민의 대표라고 할 만한 정부 형태를 선택하기 위한 전국적이고 민주적인 투표를 제안했다. 그는 이 투표가 공화국의 필수적인 도전 과제라고 주장했고, 이 과감한 제안은 올랭프 드 구주를 죽음으로 이끌게 된다.(옮긴이)

한 달 전부터 저는 감옥에 갇혀 있습니다. 사실 혁명재판소로 보내지기 전에 이미 로베스피에르의 최고법원에 의해 일주일 내로 참수형에 처해지리라는 판결을 받았습니다. 아마도 저의 결백함과 기력, 구금형의 잔혹성 때문에 새로운 피의 밀담을 하게 되었을 것입니다. 저와 같은 사람에게 죄를 뒤집어씌우는 것이 쉽지 않으리라는 것을 알아챘을 겁니다. 유사한 범죄 혐의에서 벗어나기가 어려울 것이라는 것도요. 그래서 저를 미친 여자로 몰아가는 것이 더 낫겠다고 생각했을 겁니다. 제가 미쳤건 이성적이건, 저는 조국의 이익을 추구하는 것을 한 번도 멈춘 적이 없습니다. 당신들은 절대 이 선행을 지워버릴 수 없을 것입니다. 그럼에도 불구하고 당신의 폭군들은 이 선행을 가장 퇴보한 민족들의 지울 수 없는 기질로 세습시킬 것입니다. 하지만 당신들이 진정으로 인류와 후손의 이름으로 규탄해야 하는 것은 당신들의 독단적인 행동과 추잡스러운 험담들입니다. 만약 제게 내려진 사형선고를 번복한다면 이는 언젠가 아주 흥미로운 희곡의 주제가 될 수도 있을 것입니다. 복수의 세 여신들이 불화의 독을 토해놓은 지옥과도 같은 은신처까지 당신들을 뒤쫓아갈 것입니다. 진정한 공화주의자들이 자유의 여신상을 둘러싸고 서로 분열하고 있다면, 당신들을 따르는 광신도들에게 불화의 독을 공화국 전체에 뿌려놓고 프랑스 전역에서 풍속의 문란을 야기한 죄를 따져 물을 것입니다. 사슬에 묶인 로마에는 한 명의 네로 황제가 있었지만 자유 프랑스에는 백 명의 네로가 있습니다.

시민들이여, 제발 감은 눈을 뜨고 보이는 것들에 대한 통찰을 잃지 마십시오.

마을의 벽보업자가 제가 쓴 벽보를 읽어보고 싶어 하여 교정쇄를 가져다주었습니다. 몰리에르 작품에 등장하는 하녀를 연상시키던 그의 부인은 제 글을 읽는 동안 내내 미소를 지으며 동의의 제스처를 보여주었습니다. 좋군요, 그녀가 말했고 저는 그다음 날 아침에 벽보를 붙일 예정이었습니다.

놀랍게도 그다음 날 어떤 일이 벌어졌을까요? 저는 제 벽보를 살리지 못했습니다. 이 불미스러운 일의 원인에 대해 묻기 위해 벽보업자의 부인에게 달려갔습니다. 기이한 어조의 그녀의 답변 역시 꽤나 놀라웠습니다. 그녀가 말하길 제가 그녀를 속였으며, 어제까지만 해도 부드럽게 속삭이던 제 벽보가 오늘은 그렇지 않다고 했습니다.

이렇게 악인들이 자연의 건전한 판단을 망쳐대고 있었지만, 조국의 이익만을 바라왔던 저는 만약 어떤 이들이 이 벽보가 공익을 해친다고 판단할 여지가 있다면, 기꺼이 제 벽보를 소각하겠다고 답했습니다. 지방 도시들을 회복시킬 수 있는 만족스러운 여건에 대한 몇 가지 생각을 하게 만들었던 이 사건 때문에 저는 결국 이 벽보를 발표할 수 없었습니다. 결국 벽보는 공안위원회에 넘겨졌고, 처분에 대한 그들의 답을 기다리고 있던 중이었습니다.

이틀 후 저는 체포되어 시청으로 끌려갔고, 그곳에서 현명하고 냉정한 공화주의자인 마리노 재판관을 만나게 되었습니다. 그러나 그의 탁월한 자질들, 유력한 지위에 있는 이에게 필수적인 덕목들은 이제 사라져버린 것처럼 보였습니다. 제 눈앞에는 포효하는 사자, 사슬이 풀린 호랑이, 철학적인 고찰이라고 해봐야 흥분을 북돋을 광기뿐인 미치광이가 있을 뿐이었습니다. 군중들 속에서 세 시간 동안 그의 판결을 기다렸는데, 그는 종교재판관처럼 하수인들에게 이렇게 말했습니다. "부인을 독방으로 모시도록 하시오. 그 누구도 그녀에게 말을 걸어서는 안 되오."

체포 전날 낙상을 당해 왼쪽 다리를 다친 터였고, 열이 났었습니다. 분노가 터지자 모든 희생자들 중에 제가 가장 불행한 것처럼 느껴졌습니다. 저는 침대 하나만 덜렁 놓인 세로 6피에², 가로 4피에의 방에 갇혔습니다. 바스티유 감옥이나 종교 재판소의 지하 독방에서도 볼 수 없는 불손한 태도를 지닌 헌병 하나가 1분도 쉬지 않고 밤낮으로 저를 감시했습니다. 이러한 권력의 남용이야말로 공익 정신이 타락했다는 증거입니다. 만약 국민공회가 법령을 뒤엎고 법을 마비시키는 이들을 제명하지 않는다면 프랑스 국민들은 끔찍한 결말을 마주하게 될 것입니다. 그럼에도 불구하고 저는 헌병대에 대한 존중과 예의를 표했습니다. 저의 고통스러운 상황에 그들은 몇 차례 눈물을 흘리기까지 했습니다. 밤마다 저를 괴롭히던 고열, 다리에 쌓인 상처, 모든 것들이 성스러운 인류의 자비로운 도움을 구하게 했습니다. 아! 프랑스 국민들이여, 눈물을 쏟지 않고는 제가 어떤 취급을 당했는지 다시 떠올릴 수가 없습니다. 소위 민중을 위한다고들 하는 재판관들, 이치들이 의사를 불러주고 리넨 천을 가져다달라는 제 부탁을 무려 이레 동안이나 거절할 정도로 야만적인 이들임을 상상이나 하실 수 있으시겠습니까. 같은 셔츠가 식은땀으로 흠뻑 젖었다 다시 마르기를 스무 번이 넘게 되풀이했습니다. 이런 저를 안쓰럽게 여긴 파리 시청의 요리사가 자신의 셔츠 한 벌을 가져다주었습니다. 이

---

2 옛 길이 단위. 1피에는 약 32.48센티미터.(옮긴이)

가난한 젊은 여인은 제게 이 선행을 베풀었다는 이유로 혹독한 비난을 받았다고 합니다.

당시에 저를 심문하러 왔던 몇몇 정직한 행정관들은 이러한 처우에 분개하였습니다. 말도 안 되는 심문을 받으면서 나쁜 신념과 편파적인 판단으로 저를 몰아세우려 한다는 것을 너무나도 자명하게 알 수 있었습니다. 그가 내게 말했습니다. "당신은 자코뱅 당을 좋아하지 않지요? 그들은 당신이 좋아하고 말고 할 상대가 아닙니다!" 저는 결백을 자신하며 그에게 대답했습니다. "선생님, 저는 이 사회를 구성하는 선량한 시민들을 좋아합니다. 단지 모사꾼들을 혐오할 뿐이지요." 사람이라고 여길 수도 없는 그 호랑이들에게 아부하는 법을 미리 알고 있어야 했습니다. 그러나 아무것도 거리낄 게 없는 이는 아무것도 두려워하지 않는 법이지요. 저는 그들에게 맞섰고, 그들은 혁명재판소를 들먹이며 저를 협박했습니다. "그곳에서 기다리고 있겠습니다." 그들에게 덧붙여 말했습니다. 제 원고들을 봉인했어야 했습니다. 구금된 지 아흐레째 되던 날, 다섯 명의 경관에게 끌려 집으로 가게 되었습니다. 그들의 손에 들어간 종이 한 장 한 장은 가장 아름다운 대의를 향한 저의 애정과 애국심의 증거였습니다. 이에 대해 알지 못했던 경관들은 저의 결백을 변호할 만한 것들을 찾아내고 놀라는 눈치였습니다. 그렇지만 그 종이들에 봉인을 찍을 용기들은 없더군요. 그저 그들의 조서에 저의 모든 육필 원고와 출판물이 애국주의와 공화주의만을 열망하고 있다는 것에 동의를 표할 뿐이었습니다. 그대로 저를 풀어주어야 했습니다. 판사들은 부끄러워해야 합니다. 걸음을 돌이켜, 비열한 이들에게나 걸맞은 이 추악한 판결을 잊어달라고 읍소하면서 이 엄청난 부당함을 풀어야 합니다. 그들은 저를 수도원의 방으로 옮기는 것이 더 낫다고 판단한 모양입니다. 저는 9월 2일 학살의 희생자들이 흘린 피가 벽에 묻어 있는 수도원의 방에 3주째 갇혀 있습니다. 저의 감수성으로는 견디기 힘든 고통스러운 연극입니다. 눈을 돌려도 소용이 없고 영혼은 갈가리 찢어집니다. 이 고통스러운 생이 끝나기 전에 매 순간 숨이 끊어지는 것 같습니다.

제가 겪은 추악한 일을 다 담기에 부족하기만 한 이 기록은 혁명재판소 측에 제 사건에 대해 정확하게 알리고 저의 고통을 끝내게 해줄 것입니다. 저의 '세 개의 투표함' 계획이 프랑스를 위협하는 수치스러운 멍에에서 프랑스를 구해낼 수 있으리라는 사실을 국민들이 늦게나마 깨닫는다면 얼마나 놀라겠습니까. 저는 아름다운 영혼을 고취할 수 있는 섭리에 따라 훌륭한 수단을 통해 잠자고 있던 국민의 명예를 깨우고 일으켜 세워 다 함께 모든 반동을 잠재우고 외세를 몰아내도록 하려 했습니다. 이 벽보와 회고록은 벽에 나붙지는 못하겠지만 손에서 손으로 퍼져나가 군중들을 계몽하게 될 것입니다. 그렇습니다, 동지들이여, 이런 부정행위들이 나의 조국을 섬기고 있습니다. 대중을 계몽하기 위해 이 대가를 치러야 한다면, 저는 더 이상 불평하지 않겠습니다. 이런 기회를 제공해준 적의敵意에도 은총을 베풀겠습니다.

나의 아들아, 나는 너의 운명에 무관심했다. 그런 네가 진정한 공화주의자가 되어 너를 존경하게 된 이 어미와 뜻을 함께하는구나. 너를 시험하기 위해 그들이 자행한 불공정한 행위를 무서워하여라. 나의 적들이 중상모략의 영향력을 너에게도 행사하려 하는 것을 두려워하여라. 『유럽의 관찰자』나 『자유의 메아리』에서부터 『8월 3일의 소식지』에 이르는 신문[3] 지상에서 매수된 밀고자가 쓴 투르발發 편지를 보게 될 것이다. 아마도 이렇게 이야기하겠지. "우리는 올랭프 드 구주의 아들이 장군이라는 것을 알게 되었다. 예전에 베르사유 성의 하인이었던 이가 말이다." 이토록 조잡한 거짓 주장을 반박하는 것은

---

3 프랑스혁명기에 발간되던 진보 성향의 혁명주의 언론.(옮긴이)

쉬운 일이지만 음모를 꾸미는 이들은 굳이 사실을 증명하려 애쓰지 않는다. 그들은 훌륭한 군인으로서의 명성을 깎아내리는 것으로 충분하다고 생각한다. 만약 네가 적들에게 공격을 당하지 않았다면, 운명이 네가 나의 눈물을 닦아주는 것을 허락한다면, 국가에 유익한 이들을 좌천시키는 것 이외에 다른 재능은 없는 이들에게 네 지위를 넘겨버려라. 진정한 공화주의자로서 네 어미를 고소한 이들에게 눈에는 눈, 이에는 이의 처벌을 내릴 것을 요청하러 와다오.

1793년 9월

옮긴이의 말

올랭프 드 구주, 이토록 인간적인 혁명주의자

'위대한 남성들'의 일반적인 서사에 몇 가지 부당함과 그 극복에의 의지가 더해지면 올랭프 드 구주Olympe de Gouges의 이야기가 된다. 1748년 5월 7일 몽토방에서 태어난 마리 구즈Marie Gouze라는 이름의 여자아이는 평범한 시골 여인의 삶을 거부하고 당시로서는 (물론 오늘날에도) 결코 일반적이지 않은 길을 선택한다. 공포정치 시기인 1793년 11월 3일, 올랭프 드 구주, 일명 마리 구즈는 단두대에 올라 처형되었다. '감히' 소외 계층의 권리를 옹호하고 「여성과 여성 시민의 권리 선언」을 작성했다는 죄목이었다.

자전적 소설 『마담 발몽의 비망록』에 따르면, 올랭프 드 구주는 가난한 어린 시절을 보냈으며 정식 교육을 받지 못했고, 프랑스 남부 지역 사투리인 오크어를 썼다. 올랭프 드 구주는 평생 자신이 법관이자 극작가였던 장자크 르프랑 드 퐁피냥 후작과 서민 가정 출신인 안 올랭프 무이세의 혼외 관계를 통해 태어났다고 주장했다. '공식적인' 아버지 피에르 구즈의 서명이 빠져 있는 세례 증명서 역시 올랭프 드 구주가 공공연하게 드러내던 출생의 비밀을 뒷받침하는 증거가 되어주었다. 푸줏간 주인의 딸보다는 비극「디도」를 쓴 작가의 딸이라는 편이 작가적 재능을 정당화하는 데 더 적합했기 때문이다.

올랭프 드 구주는 평생 작가적 재능과 교양 수준에 대한 의심과 비판을 감수해야 했는데, 이러한 시선은 정치 활동과 사교 생활에 큰 걸림돌이 되었다. 실제로 문어체 글쓰기에 약했던 올랭프 드 구주는 구술한 내용을 대필 작가에게 풀어 쓰도록 했다는 공격을 자주 받았으나, 자만심과 천진함이 섞인 태도로 스스로를 변호했다. 프랑스 인구의 90퍼센트가 표준 프랑스어 교육을 받지 못했던 시대에 독학으로 글을 깨친 자신에 대한 자부심이 글쓰기를 가능하게 한 원동력이었다.

나의 프랑스어에 심각한 문제가 있다는 것을 잘 알고 있다. 문장

구조의 문제, 문체의 문제, 지식과 흥미의 문제, 교양의 문제, 재능의 문제…… 실제로 아무도 내게 가르쳐주지 않았다. 프랑스어를 제대로 구사하지 않는 동네에서 자란 나는 문법 규칙에 대해 배우지 못했다. 나는 아무것도 모른다. 나는 무지의 왕관을 쓰고 있다. 나는 정신으로 글을 쓰지 않는다. 영혼으로 쓴다.

자신의 시대를 살아내기에는 지나치게 전위적이었던 올랭프 드 구주는 당시의 관습과 성별 고정관념에 관한 세 가지 금기를 깨뜨렸다. 시대에 맞선 올랭프 드 구주의 첫 번째 저항은 과부 오브리 부인으로 불리기를 거부한 것이다. 1765년 남편 루이이브 오브리가 세상을 떠났을 때 어린 아들 피에르와 단둘이 남겨진 올랭프 드 구주의 나이는 만으로 열여덟 살에 불과했다. 불행한 기억을 불러일으키는 오브리 부인 대신, 마리 구즈는 어머니 이름의 일부를 따서 새 이름을 만들고, 귀족 출신임을 뜻하는 소사 '드de'를 넣었다. 어린 아들과 함께 혼자가 된 남프랑스 출신의 마리 구즈는 이렇게 올랭프 드 구주로 다시 태어나게 된다.

올랭프 드 구주의 두 번째 저항은 부유한 실업가 자크 비에트릭스 드 로지에르의 청혼을 거절한 것이다. 자신에게 매우 절실했던 재정적 안정을 보장해주는 매력적인 제안이었음에도, 결혼을 "신뢰와 사랑의 무덤"이라고 여겼던 올랭프 드 구주는 남성과 여성 사이의 사회계약이 보다 자연스러운 결합이라고 생각했다. 로지에르의 청혼은 거절했으나 프랑스혁명 전까지 동거 관계를 이어가던 올랭프 드 구주에게 당시 사람들은 '몸 파는 여자'라는 낙인을 찍었다. 여성에게 결혼이나 매춘 외에 다른 선택이 존재하지 않았던 시대에 결혼을 거부한 올랭프 드 구주의 선택은 스스로 매춘부임을 증명한 셈이었기 때문이다.

시대의 규율을 깬 올랭프 드 구주의 세 번째 저항은 사회적 부조리에 대해 적극적으로 목소리를 낸 것이다. 그는 사회에서 소외된 하층계급(흑인종, 여성, 혼외 관계에서 태어난 아이들, 극빈자, 병자)에게 가해지는 모든 종류의 차별과 부당함을 고발하는 글을 끊임없이 발표하였으며, 정치적인 행동을 통해 자신이 주장하는 바를 실행에 옮기고자 하였다. 참여적인 성격의 희곡과 정치적 소책자를 발표하던 올랭프 드 구주는 파리 전역에 연속적으로 벽보를 붙이게 되고, 결국 이 마지막 저항으로 인해 목숨을 잃게 된다.

남편의 죽음 이후, 올랭프 드 구주는 문학 경력을 쌓기로 결심하고, 흑인 노예와 여성의 정치적이고 법적인 권리에 대한 글을 쓰기 시작한다. 1788년 올랭프 드 구주는「민중에게 보내는 편지 또는 애국 기금에 대한 계획」이라는 첫 정치적 소책자를 발표한다. 이 편지 형식의 글에서 올랭프 드 구주는 매우 급진적인 사회주의적 구상들을 제시한다. 노령 인구, 난민, 노동자 계층 자녀를 돌보는 전문 기관을 운영하고 실업 상태의 노동자를 위한 공동 작업장과 법률 상담소를 창설하는 등 사회 공공 보조 제도를 강화하고자 했던 올랭프 드 구주의 제안은 오늘날 우리 사회에도 손색없는 참신한 발상으로 이루어져 있다.

　올랭프 드 구주의 과감함은 이 편지에서 그치지 않았다. 1791년 9월, 올랭프 드 구주는 1789년 프랑스혁명 직후 발표된「인간과 시민의 권리 선언」의 형식을 빌려「여성과 여성 시민의 권리 선언」을 출간한다. '프랑스 여성의 대표'인 마리 앙투아네트 왕비에게 바치는 헌사 형식의 이 선언문은 프랑스혁명이 추구하는 자유와 평등의 원칙에 여성들은 포함되지 않았음을 고발하고 있다. 1791년 4월 7일에 제정된 헌법은 민법상의 성인 연령 규정을 남녀 모두에게 동등하게 적용하고 여성도 남성과 같은 이성적 사유 능력과 독립성을 가진 것으로 인정했다. 그러나 여전히 여성을 남성과 동등한 정치적 권리를 갖는 주권적 주체로 인정하지 않자, 올랭프 드 구주는 17개 조항으로 이루어진 이 선언문을 통해 여성의 권리를 무시하고 경멸하는 행위야말로 정부의 타락과 공공의 불행을 야기하는 유일한 원인이라고 지적한다. "모든 여성은 자유롭고 남성과 평등한 권리를 갖고 태어난다"는 조항으로 시작하는 이 선언은 프랑스대혁명이 여성을 배제한 반쪽짜리 혁명이었다고 주장하며, 여성들이 "남성이 행사하는 항구적인 폭정"에서 벗어나 천부적 권리를 행사해야 함을 강조한다. 올랭프 드 구주에게 여성의 천부적 권리란 정치적인 성격의 것으로, 「여성과 여성 시민의 권리 선언」의 유명한 제10조 "여성은 단두대에 오를 권리가 있다. 마찬가지로 여성은 (…) 연단에 오를 권리를 가져야 한다" 역시 이러한 맥락에서 이해할 수 있다.

이 발언을 통해 올랭프 드 구주는 향후 유럽 전역에서 일어난 여성 참정권 운동의 불씨를 제공하게 되지만, 프랑스혁명 이후 여성 참정권을 처음으로 주장한 사람은 니콜라 드 콩도르세다. 프랑스혁명기의 남성 사상가들 중 유일한 페미니스트라고 할 수 있는 콩도르세는 1790년 발표한 「여성 시민권을 위한 청원」에서 여성 참정권을 주장했다. 그는 주로 여성의 법적 지위에 관심을 가졌고, 남녀 불평등 문제를 일반적인 불평등 사례로 보았다. 그에 반해 올랭프 드 구주는 여성의 정치적 역할을 강조하였고, 보통선거를 포함한 정치 행위에의 여성 참여를 역설했다. 올랭프 드 구주는 시민성에 대한 새로운 정의를 요구하였고, 여성을 포함하는 시민성이야말로 진정한 시민의식의 토대가 된다고 생각했다. 또한 종교 결혼의 철폐, 이혼의 제도화 등 제도 개혁을 바탕으로 해야만 평등한 민주주의가 도래할 수 있음을 끊임없이 역설했다.

올랭프 드 구주와 같은 선구자들의 꾸준한 노력 덕에 여성들의 사회적 지위는 조금씩 향상되었다. 1792년 8월 30일과 9월 20일에 제정된 헌법은 여성의 법적 권리에서 획기적인 내용을 담고 있다. 시민의 자격과 부부의 이혼 문제를 주요 골자로 하는 이 법은 남편과 아내의 동등한 권리를 규정하고 민사상 소송절차도 남녀 모두에게 공평하게 적용하도록 규정했다.

정치적인 글 외에도, 올랭프 드 구주는 30여 편의 풍자적인 소설과 희곡을 남겼는데, 참여적이고 사회적인 분위기의 희곡들은 많은 스캔들을 일으켰다. 1784년에 발표한 첫 희곡 「흑인 노예제」는 단 한 번 공식적으로 상연되었다. 백인 아버지와 옛 흑인 노예 어머니 사이에서 태어난 혼혈인 생조르주가 운영하는 연극 단체를 통해 몽테송 후작부인 집에서 이 희곡 작품 발표회를 가졌다. 이 작품은 계몽주의 사상가이자 극작가이며 오를레앙 공작의 부인인 몽테송 후작부인의 배려 덕분에 1785년 '자모르와 미르자 또는 행복한 난파'라는 제목으로 국립 극단 코메디프랑세즈의 상연 목록에 오른다. 이 작품에서 올랭프 드 구주는 당시 사회적 금기였던 흑인 노예제를 정면으로 다루면서 식민주의와 인종주의를 직접적으로 비판하는 대담함을 보인다. 뿐만 아니라, 살인을 저지른 흑인 농장 관리인 자모르의 처형 문제를 통해 사형제에 대한 담론을 제시하였다. 왕실과 귀족의 후원을 받던 코메디프랑세즈의 단원들은 이 작품을 연기하는 데 주저하였고, 결국 이 작품은 코메디프랑세즈의 작품 목록에서 삭제되었다. 이 작품을 둘러싼 소동 때문에 바스티유 감옥에까지 다녀왔음에도, 올랭프 드 구주는 흑인 노예제의 부당함을 설파하는 것을 멈추지 않았다. 1788년과 1790년, 노예제 폐지를 직접적으로 주장하는 글 「'흑인종'에 관하여」와 노예무역을 다룬 희곡 「흑인 노예 시장」을 각각 발표한 그는 노예무역의 즉각적 폐지와 노예제의 점진적 폐지를 주장하던 '흑인의 친구들' 협회에 가입하여 보다 적극적인 투쟁을 이어가게 되고, 1808년 '흑인 노예제 폐지를 위해 행동한 용기 있는 자들'의 명단에 여성으로서는 유일하게 이름을 올린다.

  1788년 발표한 희곡 「너그러운 인간」에서는 고리 사채를 갚지 못해 수감된 사람들 같은 빈민 문제를 다루었다. 흑인 노예제 폐지에 대한 관심과 참여가 여성, 빈민, 병자, 혼외 관계에서 태어난 아이들과 같은 사회 소외 계층이 겪는 부당함에 맞서는 투쟁으로 이어진 것이다. 1791년에 쓴 「외국인들에 관한 의견」에서는 외국인들을 대할 때 극단적인 태도를 피할 것과 조심성과 세련됨, 관용의 원칙을 지녀야 한다고 강조하였다. 부당한 편견을 가지고 배척해서는 안 된다는 것이다. 이처럼 올랭프 드 구주의 정치 사회 인식의 기저에는 계몽주의적 이상인 자유와 평등, 박애 등 프랑스혁명에 충실한 개념들이 깔려 있으나, 그가 보다 근본적으로 추구한 것은 소수자의 권리에 대한 옹호와 부당한 차별의 배척이라고 할 수 있다. 올랭프 드 구주는 여성을 포함한 소수자들에게 가해지던 부당한 대우를 거부하고 정당한 권리를 수호하기 위해 앞장서서 깃발을 흔들었다. 민중의 빈곤과 고통은 올랭프 드 구주가 꾸준히 주의를 기울인 주제로, 사회적 불평등과 경제적 소외 문제는 그의 반자본적이고 사회주의적인 사상의 주요한 바탕이 되었다.

1788년 12월에 발표한 「애국적인 고찰」을 통해서는 공공 보조 체계, 과부와 노인, 고아를 위한 돌봄 기관, 실직 상태의 노동자들을 위한 공동 작업장, (고용한 하인과 마차, 장신구와 보석은 물론 그림과 조각을 포함한 예술품, 심지어는 도박판의 판돈까지도 포함한) 재산 규모에 따른 부유세의 도입 등을 포함한 사회보장 기획을 제안했다. 올랭프 드 구주는 투기와 독과점을 혐오하고, 사치품에 대한 특별 과세를 요구하였다. 또한 부정하게 재산을 축적하는 것을 방관하는 것은 국가의 불명예라고 주장했으며, 실업자와 노인, 고아를 수용하는 공공시설의 열악한 여건을 고발했고 여성 전용 병원의 위생과 운영 문제도 언급하였다. 모든 이들의 교육받을 권리와 수치를 당하는 일 없이 늙어갈 권리를 주장했던 올랭프 드 구주는 사생아들의 지위와 버림받은 아이들의 권리에서부터 공공 극장의 공연 수준, 거리의 청결과 합리적인 마차 요금 체계의 기준, 도시에서 유통되는 육류에 대한 감독의 필요성에 이르기까지 사회 전반의 다양한 문제에 끊임없이 관심을 쏟았다.

이토록 활동적이고 '오지랖이 넓은' 올랭프 드 구주는 정치적으로는 입헌군주제를 옹호하던 중도주의적 혁명파였다. 1792년 공화주의자로 전향, 온건한 공화파의 정치성을 따랐다. 여성의 정치 참여에 '그나마' 호의적이던 지롱드파에 뜻을 더한 올랭프 드 구주는 1792년 12월 '왕이 아닌 인간' 루이 16세를 구명하기 위한 말제르브 회의에 참석하고자 하였으나, 여성은 이러한 중요한 결정을 내릴 수 없다고 생각한 지도부에 의해 제지당한다. 이후 1793년 산악파가 정권을 장악하고 공포정치가 횡행하게 되자, 국가를 구하는 방법은 폭력이 아닌 온건함과 공익이라고 주장해온 올랭프 드 구주는 로베스피에르를 위시한 산악파의 전횡과 독재, 무자비한 폭력을 맹렬하게 비난한다.

로베스피에르여, 당신은 스스로가 혁명의 유일한 창조자라고 자칭한다. 그러나 당신은 과거에도, 현재에도 그리고 앞으로도 영원히 타락과 증오의 이름일 뿐이다. (⋯) 무엇을 원하는가? 어떻게 할 작정인가? 누구에게 복수하고 싶은가? 누구에게 전쟁을 선포하고 싶은가? 민중의 피에 여전히 목마른가?

「세 개의 투표함 또는 조국의 안녕」은 붉은 띠가 둘린 글 상자 안에 인쇄된 채 파리 전역에 나붙게 되고, 올랭프 드 구주는 "연방주의적이고 지롱드파를 지지하는 성격의 글"을 썼다는 이유로 1793년 7월 20일 체포된다. 프랑스인들에게 새로운 정부를 꾸리기 위한 국민투표의 권리를 보장하여, 시민 각자에게 왕정을 선호하는지, 연방주의를 선호하는지, 혹은 공화정을 선호하는지 물어보자는 것이 그가 요구한 전부였음에도 불구하고 말이다. 올랭프 드 구주는 종말이 머지않았음을 예감하고 "나의 조국에는 나의 심장을, 남성들에게는 (그들에게 꼭 필요한) 나의 정직함을 남긴다. 나의 영혼은 여성들에게 남긴다. 그녀들에게 별것 아닌 것을 선물할 수는 없으니 말이다"라는 유언을 남긴다.

공화주의 원칙을 흔들었다는 죄목으로 고소를 당한 이 여성 지롱드 당원은 11월 2일 혁명 법정에 섰다. 담당 검사 푸키에탱빌은 올랭프 드 구주가 "민중의 주권을 공격했다"고 주장했고, 판결은 속전속결로 내려졌다. "45세의 마리 올랭프 드 구주, 과부 오브리 부인을 사형에 처한다." 형 집행은 24시간도 채 지나지 않아 이루어졌다. 1793년 11월 2일 단두대 형을 선고받은 올랭프 드 구주는 바로 다음 날인 1793년 11월 3일 오후 5시경, 혁명 광장(콩코드 광장의 옛 이름)에 모인 이들에게

"조국의 아이들이 내 죽음에 대해 복수할 것"이라고 외치며 사형대에 오른다.

올랭프 드 구주의 처형은 표면적으로는 정치적 이유이나, 산악파 의원들은 여성의 덕목과 덕성을 운운하며 이중의 잣대를 들이댔다. 당시 일간지『르 모니퇴르 위니베르셀』은 올랭프 드 구주의 처형 일주일 뒤에 "올랭프 드 구주는 국가의 (남성) 수반이 되고자 했다. 이번 판결은 자신의 성별에게 주어진 덕성을 망각한 음모자들은 엄정한 법의 심판을 받게 된다는 것을 잘 알려준 사건이다"라고 썼다. 뿐만 아니라, 비슷한 시기에 단두대에 오른 마리 앙투아네트와 올랭프 드 구주, 롤랑 부인이 여성이라는 점 외에는 공통점이 없음에도 한데 묶어 모욕적인 평가를 남겼다. 산악파 남성 정치인들은 올랭프 드 구주를 들먹이며 여성 당원들에게 "자연의 섭리를 따를 때 합당한 대우를 받게 될 것"이라고 하였으며, 공안지는 여성들이 공화주의자가 되는 방법은 "살림살이에 힘씀으로써 남편들과 아이들이 권리를 행사하도록 환기하는" 것이며 "결코 말하려는 욕망을 품고 대중 집회에 참가해서는 안 된다"고 썼다.

프랑스혁명기 동안 여성들은 적극적으로 정치에 참여하며

사회 변혁에 크게 공헌하였다. 주요 봉기 때마다 거리를 점령하는 데 앞장섰고, 정치 클럽과 협회, 회합의 발언대에 올라 정치적인 현안에 대해 목소리를 냈다. 여성들은 빈곤과 굶주림에 맞서 싸우기 위해 최전선에서 투쟁을 감행했고, 올랭프 드 구주와 폴린 레옹, 테루아뉴 드 메리쿠르와 같은 몇몇 전사들을 중심으로 여성의 권익을 보호하기 위한 움직임 역시 커지기 시작했다. 이들은 여성의 자유를 주장하면서 여성의 사회 경제적 상황의 개선을 요구하였다. 여성들은 도시 서른 군데에서 독자적으로 정치 클럽을 결성하여 정치 활동에 적극적으로 참여했다. 이들의 노력과 활약에도 불구하고, 프랑스혁명기의 '남성' 정치인들은 '뜨개질이나 하는 여자들'의 정치 참여를 탐탁지 않게 여겼다. 프랑스혁명의 정신인 자유, 평등, 박애 중 '박애'는 '형제애'였으며, 자유과 평등도 결국 남성들의 자유와 그들 사이의 평등에 불과하였던 것이다. 프랑스혁명의 인권선언에 등장하는 "자유롭게 태어난 모든 인간"에 여성은 포함되지 않았다.

이후 헌법 본문이 확정되는 과정에서 직접세를 납부하는 유산자 남성 시민만이 능동 시민으로서 참정권을 가지게 되었고, 무산자 남성과 모든 여성은 시민권은 가지나 공권력에 참여하지 못하는 수동 시민이 되었다. 1792년 8월 10일 봉기로 왕권이 철폐된 후 첫 공화국 의회를 구성하는 총선에서 능동 시민과 수동 시민의 구분이 없어져 모든 성인 남성이 참정권을 갖게 되었으나 여전히 여성은 배제되었다. 지롱드파와의 투쟁에서 승리한 산악파 혁명정부는 1793년 10월 20일 자신들을 적극적으로 지지해주던 '혁명적 공화주의 여성 시민 협회'를 비롯한 여성 정치 클럽을 해체했고, 10월 30일에는 모든 여성의 정치적인 회합을 금지하는 법령을 제정했다. 가정과 자녀를 돌보는 여성의 '자연적' 소명과 정치 활동이 양립할 수 없다는 이유에서였다.

새로운 질서의 창조자들은 공화주의 모성을 강조하며 여성들을 가정으로 되돌려 보내고자 했다. 이들에게 이상적인 여성상은 '공화국의 어머니'였다. 아이들에게 공화국의 이상을 알려줌으로써 아이들을 훌륭한 공화국의 시민으로 키우는 것이 여성들의 임무였다. 1794년 7월 27일 테르미도르 반동으로 산악파 정권이 몰락한 후 파리 민중들이 일으킨 두 차례의 봉기에서 여성들의 선동적 역할에 위협을 느낀 국민공회는 1795년 5월 23일 여성의 의회 방청과 모든 정치적 모임에의 참여를 금지하고 길에서 모이는 것마저 금하는 법령을 제정했다.

프랑스 여성들은 올랭프 드 구주가 '단두대에 오를 권리'를 주장한 지 150여 년이 지난 1944년 4월 21일이 되어서야 투표권을 비롯한 '연단에 오를 권리'를 획득할 수 있게 되었다.

　올랭프 드 구주의 주장이 오늘날 정치적·사회적 의의를 갖는 가장 큰 이유는 시대를 앞선 통찰력과 과감한 결단력 때문이다. 시대적 규범을 넘어선 몇 세기 앞선 생각과 행동, 주어진 대로 살지 않겠다는 올랭프 드 구주의 강한 의지는 60여 편에 이르는 정치적 벽보와 소책자를 통해 잘 드러난다. 1788년 첫 번째 정치적 에세이인 「여성 시민'이 쓴 민중에게 보내는 편지」에서 올랭프 드 구주는 루이 16세에게 국가적 빈곤을 해결할 수 있는 효과적인 개선책으로서 '자발적인 세금' 제도 도입을 제안한다. 그는 직업의 종류 혹은 유무와 상관없이 유산 상속을 포함한 모든 종류의 수입을 지닌 국민들은 누구나 (심지어 도박꾼조차도) 소득의 일부를 '애국 기금'에 납부할 것을 권유하였다. 그리고 이러한 애국적인 행위를 통해 납세자 명부에 이름을 올린 "시장의 장사꾼과 주부는 자신의 이름이 왕족의 이름 옆에 쓰여 있는 것을 보고 큰 만족감을 느낄 것"이라고 확신했다. 시민들의 공동체적 관심과 자발적인 참여를 촉구하는 이 주장은 1914년 도입된 소득세 개념을 126년 앞선 것이다.

올랭프 드 구주는 시몬 드 보부아르가 『제2의 성』을 발표하기 한 세기 반 전에 '사회 발전을 막는 여성 혐오의 해악'을 지적했고, 그가 제시한 '남녀 사이의 사회계약'은 200여 년 후의 시민연대계약(PACS, 동거의 한 형태)을 예고했다. 올랭프 드 구주가 주창한 모권母權 신장과 모자 보호 제도의 법적 강화, 직업 명사의 여성화 등은 오늘날에도 여전히 생명력을 지니는 이슈다. 단편적인 남녀평등의 문제에서 한 발 더 나아가 사회 정의를 추구하며 독재에 항거하고 사형제 폐지를 주장하는 등 전방위적인 인권운동가였던 올랭프 드 구주의 모습은 오늘날 인권주의자들의 연대 의식과 별반 다르지 않다.

자신의 성별과 출신 계급의 희생양이었던 올랭프 드 구주는 혁명의 시대에(도) 받아들여지기 힘든 인간적이고 혁명적인 생각과 주장을 펼친 대가로 단두대에 올라야 했다. 1791년 '감히' 「여성과 여성 시민의 권리 선언」을 외치며 여성주의의 첫 번째 경전을 마련했던 올랭프 드 구주는 1981년 역사가 올리비에 블랑이 그의 원고들을 발굴하여 이를 토대로 전기를 출판하기 전까지 사후 오랜 기간 동안 관심 밖으로 밀려나 있었다. 작가 레스티프 드 라 브르톤의 기록에 따르면 그는 파리의 매춘부였고, 역사가 쥘 미슐레의 저술 속에서는 정신병을 앓고 있는 광인이었다. 프랑스군의 전담 정신과 전문의였던 길루아 박사는 프랑스혁명을 주제로 한 1904년 논문에서 올랭프 드 구주를 '혁명 광기'에 시달린 편집증과 히스테리 환자로 확진했다.

2014년 파리 시장으로 선출된 안 이달고가 올랭프 드 구주의 유해를 프랑스 위인 묘역인 팡테옹에 이장하는 것을 제안하였으나, 치열한 갑론을박 끝에 실행되지는 못하였다. 올랭프 드 구주의 팡테옹 안장을 둘러싼 논쟁은 1791년 제헌의회가 혁명가 미라보의 시신을 안치할 곳을 찾기 위해 이제 막 완공된 생트준비에브 성당을 국립 묘역으로 탈바꿈시킬 때에 비견할 만큼 격렬했다. 2013년 당시 팡테옹에 안치된 71명의 위인들 중 여성은 소피 베르텔로와 마리 퀴리, 이렇게 두 명에 불과했다. 그나마 한 명은 아내와 함께 묻히기를 원했던 남편 덕에 이름을 올렸기에, 본인의 업적을 인정받아 팡테옹에 입성한 사람은 과학자 마리 퀴리뿐이었다. 마리 퀴리 역시 사후 61년이 지난 1995년에야 '남편과 함께' 묻힐 수 있었다. 2015년 올랑드 대통령이 제르멘 틸리옹과 준비에브 드골 앙토

니오즈 등 나치 독일에 저항했던 레지스탕스 영웅 네 명을 안장하면서 팡테옹의 여성 위인들의 숫자는 네 명으로 늘어났고, 2017년 6월 마크롱 대통령이 여성 인권의 대모 시몬 베유의 유해를 팡테옹에 안치하기로 결정, 2018년 7월 1일 베유의 유해가 팡테옹으로 옮겨졌다. 올랭프 드 구주는 여전히 팡테옹 안장과 관련된 설문 조사에서 상위권을 차지하는 것으로 만족하고 있다.

유학 초기 파리 시립 미술관에 소장되어 있는 백남준의 1989년 작품 '올랭프 드 구주'를 통해 그를 처음 만났다. 백남준이 프랑스혁명 200주년을 기념하여 제작한 이 작품은 열두 개의 브라운관을 이용한 사람 모양의 로봇이다. 가슴에 혁명을 상징하는 삼색 베일과 꽃을 달고 있는 로봇의 측면에 백남준은 여성, 자유, 진, 선, 미 등의 한자를 써넣어 억울하게 잊힌 혁명가를 다시 불러들였다. 라울 뒤피의 대규모 벽화 작품 '전기 요정'에 둘러싸인 채 당당하게 서 있는 모습은 그 자체로 큰 울림을 주었다.

올랭프 드 구주. 역사적 맥락 속에서 페미니즘을 톺아보고자 하는 야심 찬 계획을 꾸미면서 가장 먼저 떠오른 이름이다.

오랜 타지 생활을 마치고 돌아온 한국에서 여전한 자본만능주의와 가부장적 질서, 우리 사회를 좀먹는 인종주의의 그늘과 식민주의의 잔재를 꽤나 자주 마주치던 차에 다시 만난 올랭프 드 구주는 특유의 통렬한 비판 의식, 담대한 낙관주의, 염세적인 유머를 통해 지쳐가던 내게 기운을 북돋아주었다.

감옥에 갇혀 사형 집행만을 기다리던 상황에서도 "열다섯으로 돌아간다 해도 내 선택을 뒤집지 않을 것이며, 오십이 다 되어가는 마당이라 하고 싶은 말을 다 쏟아낼 수 있어 좋다"던 올랭프 드 구주. 내가 올랭프 드 구주에게 느낀 감탄과 함께 그에게서 받은 격려가 독자들에게도 전해지기를 바라는 마음으로 이 작품의 번역에 임했다. 특히, 올랭프 드 구주가 맞서 싸웠던 불평등과 부당함이 결코 혁명기 프랑스의 일만이 아님을 강조하고자 했다. 역사적 인물과 사건, 지명을 비롯한 고유명사에 필요 이상으로 여겨질 수도 있는 옮긴이 주를 붙여둔 이유다. 혹 번역이 잘못된 부분이 있다면 그것은 오로지 나의 협소한 역사 지식에 그 원인이 있음을 밝힌다.

여러 가지 우려에도 불구하고 이 책의 필요성에 공감하고 흔쾌히 "합시다!"라고 말해주신 꿈꾼문고의 채세진 대표님께 다시 한번 감사의 말씀을 전한다.

번역 작업 내내 든든한 힘이 되어준 올랭프 드 구주의 말을 인용하며 글을 마친다. "그대들을 막아선 장벽이 어떤 것이건 그것을 넘어서는 힘은 그대들 안에 있다. 그대들은 그저 원하기만 하면 된다."

박재연

여성과 여성 시민의 권리 선언

1판 1쇄 인쇄 2019년 5월 15일
1판 1쇄 발행 2019년 5월 22일

지은이 올랭프 드 구주
옮긴이 박재연
펴낸이 채세진
디자인 김서영

펴낸곳 꿈꾼문고
등록 2017년 2월 24일 · 제2017-000049호
주소 04031 서울시 마포구 동교로 156-13, 4층 502호
전화 (02) 336-0237
팩스 (02) 336-0238
전자우편 kumkunbooks@naver.com
블로그 blog.naver.com/kumkunbooks 페이스북 /kumkunbks 트위터 @kumkunbooks

ISBN 979-11-961736-9-2 (04100)
       979-11-961736-8-5 (세트)

이 도서의 국립중앙도서관 출판예정도서목록(CIP)은 서지정보유통지원시스템 홈페이지(http://seoji.nl.go.kr)와
국가자료공동목록시스템(http://www.nl.go.kr/kolisnet)에서 이용하실 수 있습니다.(CIP제어번호 : CIP2019017897)